ADVICE 31

其實
你不必為了別人
改變自己

一定可以實現的阿德勒勇氣心理學

岸見一郎◎著
林詠純◎譯

木馬文化

目次

第三章 這樣面對他人才能活得幸福

前言

活著是一件痛苦的事情

希臘哲學家柏拉圖說：「無論對哪種生物來說，誕生到這個世界上原本都是一件痛苦的事。」[1]對希臘人而言不出生最幸福，第二幸福則是一生下來很快就死去。

當然，現在已無法接受這種思考邏輯，但是活得愈久，就會遭遇愈多痛苦。儘管如此，也不能放棄活下去。

話說回來，活著就僅僅只有痛苦嗎？鳥兒無法在真空中飛行，是因為沒有空氣就沒有讓牠們飛起來的阻力。人生也一樣，經歷愈多事情或許愈痛苦，然而正因為這些痛苦，人才有辦法活下去，也可以進一步說，人能夠以痛苦為槓桿，感受活著的喜悅。

怎樣才算活得幸福？

本書將以阿德勒心理學為基礎，探討如何才能活得幸福。不過，只有能夠獲得幸福、想要獲得幸福的人，才會提出「如何才能活得幸福」的問題。有些人或許無法獲得幸福、不想獲得幸福；而也有一些人覺得把「幸福」這兩個字掛在嘴邊很難為情。

如果活得幸福的意義是進入好學校或好公司、出人頭地、擁有人人稱羨的婚姻這種通俗意義上的幸福，我想應該很多人會覺得與自己無關，也不感興趣。

曾經有一位大學生與網友嘗試集體自殺，最後只有自己被救活。後來有人問他為什麼自殺，他的回答是接下來四十年都要過相同的生活，讓他相當痛苦。這位大學生的人生或許已經規劃好了，譬如大學畢業後就工作、結婚之類的。

看得見未來雖然安心，卻也像是閱讀推理小說時先看了最後一頁一樣。如果已經預測到接下來會發生的所有事情，活著就很無趣。陷入這種虛無想法的人，或許就不想接受一般觀念中的幸福。

超越通俗的幸福

我二十五歲時，母親因腦中風倒下。我學的是哲學，當時已經覺悟到這一生與財富無緣了。即使如此，我依然希望在學術圈工作，獲得大學教職。我無法否認這是我的虛榮心或野心。

母親在我考進研究所那年倒下，為了照顧母親，不得不放棄念研究所的計畫。這種感覺就像自己描繪出的人生藍圖如灰飛煙滅般粉碎。

我在母親的病床前，每天思考人像這樣變得半身不遂、失去意識時，活著的意義又是什麼。如果人最後只有留得下來的東西有意義，那麼活著的意義已經和金錢或名譽無關，像母親這樣失去意識，活著就和健康與否也無關了。

於是我開始思索，即使無法獲得通俗的、一般認定的幸福，還是有可能得到和世俗想法不同的、真正的幸福。母親與疾病奮鬥三個月後去世，而我不久後也復學了，但這時的我，已經不是從前的我了。

從這一瞬間開始變得幸福

過了十年，我第一次聽到阿德勒心理學講座。當時的講師奧斯卡・克里斯汀生說：「今天聽我講課的人，從現在這一瞬間就可以開始變得幸福，如果沒有的話，永遠都無法獲得幸福。」

我聽到這段話時相當震驚，也很排斥這種的說法。因為母親的事情也曾讓我思考過什麼才是幸福，我認為幸福不是這麼簡單就能獲得的東西。

然而不久後我就了解到，阿德勒的教導與「不管在什麼狀況下都能獲得幸福，因為幸福的意義很主觀，端看你怎麼想而已」這種充斥整個社會的廉價幸福鼓勵法，只有一線之隔；我後來也體認到「從這一瞬間就可以變得幸福」一點也不誇張。

有人覺得某種食物好吃，有人覺得難吃，這是喜好的不同。然而，如果從食物對人體健康的角度來談，就不是主觀可以決定的了。幸福的意義也是如此。並非所有的生活方式都能獲得幸福。

我無法像自動販賣機那樣輕易回答「怎樣才會變得幸福？」也無法撰寫類似「這種時候應該這樣做」的簡便手冊。但我認為阿德勒心理學已給出清楚的方針，告訴我們「如何生活才能獲得幸福」。

生老病死

阿德勒說過「人的煩惱，全都是人際關係的煩惱。」如果能擺脫人際關係的煩惱，我們就更接近幸福了。

本書詳細討論了各種人際關係，也在第四章探討如何面對年老、疾病、死亡的方法。在佛教的教義中，也提到了人類無可避免的四大苦難，除了生（出生、生活）之外，就是年老、患病、死亡，人類只有在面對無可避免的老、病、死時，才會評斷幸福的真正價值。

這些問題絕非只在人生最後階段才會出現，而是隨時潛伏在「生」底下，即使是年輕人也不例外。

單純的幸福論

有一位第一次聽阿德勒演講的人對他說：「今天演講的內容對大家來說不都是常識嗎？」

阿德勒回答他：「這些不能是常識嗎？」[2]

如果阿德勒的演講完全不得要領，這個人恐怕就不會說他的話都是常識了。

法國出版人格拉塞說過，天才有能力創造新的常識。這句話的意思是，天才能夠發現自古以來就存在、但沒人留意到的事情，並且用言語將其表達出來。這件事情一旦透過言語表達，就會變得好像是理所當然，並且被列入常識。

本書的幸福論也是常識，而且是非常單純的論點。希望各位讀者能在當中找到該怎麼做，才能活得單純、幸福的線索。

---

1 《伊庇諾米斯篇》

2 Brett, Colin Introduction. In Adler Alfred. *Understanding Life.*

第一章

幫助理解阿德勒心理學的基礎知識

阿德勒是什麼樣的人？

首先，我要為第一次接觸阿德勒心理學的讀者，簡單介紹一下阿德勒這個人。

阿爾弗雷德・阿德勒（一八七〇～一九三七）是奧地利精神科醫師，他在佛洛伊德主持的維也納精神分析協會中是相當活躍的核心成員。後來因為學說上的衝突退會，並且開始建構以「目的論」、「整體論」（接下來會提及）為特徵的獨特理論體系，稱為**「個體心理學」**。我們一般會將這種心理學冠上創始者阿德勒的名字，稱之為「阿德勒心理學」。

直到今天，阿德勒的名字在歐美依然會與佛洛伊德、榮格相提並論，但在日本卻很少人知道。不過，現在廣為人知的「自卑感」這個詞，最早就是由阿德勒廣泛運用的。

我常會想，如果阿德勒還活著，對現在的情況會有什麼看法呢？阿德勒曾說，或許會有這麼一天，再也沒有人想得起他的名字，就連曾經存在的阿德勒學派也被世人遺忘。即使這樣也無所謂，「因為這或許就變得像是所有在心理學領域工作的人，都與我們共同學習、一起行動一樣。」[1]

阿德勒在年幼時曾經因為患有佝僂病，身體虛弱無法自由活動；此外，他也曾在年幼時經歷弟弟的死亡，因此很早就對生死問題產生興趣，決意成為醫師。

阿德勒出身於猶太家庭，全家人把希望都寄託在他身上，他曾在一九一二年申請維也納大學無給職講師資格（審查花了很長的時間，兩年半後大學才將他的申請駁回）。他想成為醫師，並非要賺取金錢或名聲，而是想要改變世界、拯救世人。

阿德勒之所以會這麼想，是因為他很早就對社會主義產生興趣。他與妻子萊莎也是在社會主義讀書會中認識的，並且在大學畢業兩年後結婚。

阿德勒與學者型的佛洛伊德不同，他選擇走上診療而非醫學研究之路，一開始是以內科醫師的身分開業。據說，佛洛伊德邀請阿德勒加入自己主持的研究會時，他的醫師的身分已累積了相當的名聲，這個名聲也傳入佛洛伊德耳中。

阿德勒不會向貧窮的患者收取高額診療費，也不會在患者面前擺出高高在上的姿態，或是在言行中輕視患者。他從早到晚勤奮看診、學習，沒有一日休息。他結束一天的看診後，晚上就到咖啡店與友人愉快地討論至深夜。

我總覺得，阿德勒的生活方式，彷彿就像是在古雅典街上與青年對話的蘇格拉底。

由此可知，阿德勒活動的基礎自始至終都不在大學，而是在普通人聚集的地方。阿德勒和蘇格拉底一樣，不喜歡使用專有名詞，他在敘述時，會致力於使用老嫗能理解的語言。阿德勒曾說：「我的心理學（不是只為專家存在的心理學）是所有人的心理學。」

一九一四年爆發第一次世界大戰，當時四十四歲的阿德勒雖然免於被徵召，但他卻以軍醫的身分參戰。即便在戰場上經歷了殘酷的現實，阿德勒依然不把他者視為敵人，而是若有必要就會提供自己幫助的夥伴。他的思想已經達到共同體的境界。

對社會主義感興趣的阿德勒，當初的目標是想透過政治改革以改變社會，但不久之後他看見了政治的現實，開始認為能夠拯救個人、乃至於全人類的手段或許不是政治，而是育兒與教育。

第一次世界大戰後，維也納變成廢墟，青少年的偏差行為與犯罪逐漸成為社會問題，阿德勒以上述想法為基礎，促使維也納市成立兒童諮商所。

這個兒童諮商所不只是治療孩子或家長的地方，阿德勒也活用這個空間培養教師、諮商師、醫師等專業人員，而諮商也在公開場合進行。阿德勒對教師寄予厚望，因為育兒與教育可說是阿德勒心理學的核心。

不久之後納粹抬頭，身為猶太人的阿德勒害怕遭到迫害，將活動據點從歐洲轉移到美國。他在這個新天地衝勁十足地到處演講，接連出版的著作也獲得好評。阿德勒認為，「學校已經不再是要求孩子必須安靜坐著，把手放在膝上不准動的地方。」[2]他似乎期待在美國實現自己的理想。此外，阿德勒也前往歐洲諸國進行演講，但最後卻在蘇格蘭的亞伯丁因心肌梗塞發作猝死，享年六十七歲。

阿德勒在希特勒引發第二次世界大戰之前就已經結束他的一生，但他去世之後，許多阿德勒學說的追隨者被送進集中營。某種意義上，也可說阿德勒心理學曾一度毀滅於奧斯威辛集中營。

戰後，阿德勒的學生德瑞克斯前往美國，以芝加哥為中心推廣阿德勒心理學。時至今日，不只美國，阿德勒心理學也在世界各地得到實踐。

有人評論阿德勒的思想領先時代一個世紀，但即使是阿德勒去世接近一世紀的今天，依然沒有趕上阿德勒的腳步。人類至今仍然看不見阿德勒構想的世界。

為了理解阿德勒對幸福的看法，讓我們簡單介紹四項要點。

●人際關係論

人不是獨自生活，而是生活在「人群」當中。人如果獨自生活，就不需要語言，也不會產生如何有條理地表達自己的想法的理論。

我們的言行舉止，不會出現在沒有任何人的所謂「真空」當中。而阿德勒心理學的最大特徵，就是從我們與說話對象、行動對象的關係中看見意義。

這個對象，當然不可能依照我們的心意和期待行動，這時我們就會心情不平靜、痛苦、煩惱。阿德勒說，**人的煩惱，全都是人際關係的煩惱。**[3]

因此，我們在思考有關幸福的問題時，就不可缺少對人際關係的探討（第三章）。

●整體論

阿德勒稱自己獨創的理論為「個體心理學」，其原文「individual psychologie」中的「個體（的）」（individual）是「無法分割」（拉丁文是individuum，也就是無法divide）的意思。換句話說，個體心理學的意思，就是將個體當成一個無法分割的、統合的整體來探討的心理學。這代表阿德勒**反對各種形式的二元論**，譬如把人類分成精神與肉體、理性與感性、意識與無意識等。

比如說，阿德勒不認為人類的心理可分為二部分且做出相反的判斷。換句話說，阿德勒不認為人類在面對食物誘惑時，會陷入一個部分的自己覺得不能吃，另一個部分的自己覺得可以吃的這種自我矛盾狀態。

此外，他也不認為平常冷靜的人在斥責孩子或傷害別人時，是「受激情驅使而失去控制」，而是做為一個整體的我選擇了這個行為，並且必須為這個行為負責。阿德勒認為，不能把心裡的矛盾，或是屈服於感情當成理由，讓這樣的行為蒙混過去。

●目的論

阿德勒認為，個體在決定目的、並且為了達成目的而採取行動時，是一個無法分割的整體。一般認為，人在做出某種行為時，背後都有驅使的原因，但阿德勒並不這麼想。

舉例來說，人不是因為憤怒而大聲吼叫，而**為了大聲吼叫而憤怒**。繭居族不是因為不安而無法外出，而是**為了不要外出而創造出不安的情緒**。

阿德勒認為，人首先有了要做什麼，或是不做什麼的目的，才會想出達成這個目的的手段。也就是說，不是「憤怒」這種情感在背後驅使、控制我們，而是我們為了讓他人聽自己的話而利用了憤怒。同樣地，悲傷這種情感也是為了博取他人同情而創造出來的。

有時候，我們會在做出某種行為後，才找到將其正當化的理由。比如，不想上學或不想上班的人，會想出讓自己與周圍的人都能認可的理由。他們可以在前一晚熬夜、睡不好，或是實際出現腹痛、頭痛等症狀。當孩子抱怨自己有這樣的症狀時，父母也不能強迫孩子去上學。

這時父母會聯絡學校幫孩子請假。結果，當孩子知道今天不用再擔心要上學一事後，症狀馬上就消失了。孩子沒有說謊，他確實出現了腹痛或頭痛的症狀，但他現在不再需要這些症狀了。

大人的情況會稍微複雜一點，但基本上和孩子一樣。我之後會陸續舉出實際案例，在此先用剛才例子中的孩子做說明。請各位讀者理解，孩子是先訂出了不去學校的目的，接著再為了達成目的，也就是讓父母接受自己不去學校這件事，而創造出必要的症狀。

無論什麼事，都是**先有不想做的想法，之後才想出相應的理由**。如果你對阿德勒派的諮商師說：「我做不到。」他們或許會回答：「也就是你不想做的意思吧！」

該怎麼做才能活得單純、幸福呢？關鍵就在於採取這個你從來未曾想過的角度看待事情，擺脫原因論，轉換成**目的論**的思考方式。不過，由於我們太習慣透過原因論思考事情，所以必須經過訓練才能看得見行動或情感背後的目的。

阿德勒指出，目的論的基本思考方式只有兩種。

第一，就如同我前面提到的憤怒或不安一樣，感情不會從背後驅使我們做出某些行為，因此「不存在」自己對感情莫可奈何這種事。

不只是感情，任何事情都無法強迫自己，讓自己束手無策。因為**所有事情都是自己的決定**。有些人想要讓自己覺得束手無策，就會採取這種想法的「目的」。

第二，自己現在的不幸，原因「不在於」過去。如果過去造成了現在的不幸，那麼未來也就同樣無法獲得幸福。我們無法搭乘時光機回到過去，因此也不可能改變過去的原因。但是，**存在於未來的目的一定可以改變。**

不過，我們首先必須要有為此改變自己的決心。沒有人想要變得不幸，但之後大家會看到，有些人會覺得即使不幸福，維持現狀還是比較好。維持現狀是不行的，如果想要下定決心改變現在的自己，我們總得需要勇氣。

如果做好改變自己的決心，接下來就必須知道該怎麼做才能改變。「希望自己變成什麼樣子」就是你的目標。每一個行為的目的，都是為了自己。這些行為的終極目標就是要獲得幸福。

然而，當我們在選擇達成幸福的手段時或許會出現錯誤。接下來就讓我們一起想想，獲得幸福是怎麼一回事？為了獲得幸福應該怎麼做才好？

●生活型態

我們不是獨自一人活在這個世界上，因此必須解決以人際關係為主的課題（阿德勒稱之為「人生的課題」）。

若是這麼想：這個世界是危險的，他人是可怕的，一不小心可能會陷害自己，以阿德勒的話來說就是把他人當「敵人」。相反地，如果把他人當成在必要時會提供自己援助的「夥伴」，就會讓自己的人生與世界看起來完全不同，解決人生課題的方式也會不一樣。

一般會用「性格」這個詞彙描述一個人如何看待自己與他人的關係，或用阿德勒的話來說，就是賦予自己與他人什麼樣的意義，以及如何解決自己面對的問題，或者不解決這些問題的特質。不過，「性格」這兩個字會讓人聯想到「與生俱來」或是「難以改變」的特質，但阿德勒為了強調這個特質並非如此，而使用了「生活型態」這個詞。

阿德勒認為，**生活型態是自己選擇的**，這也是阿德勒心理學的基礎。雖然阿德勒說，人在兩歲時即知道自己的生活型態，最晚在五歲時就已經做了選擇[4]，不過現代阿德勒心理學則認為，人大約在十歲左右才會對自己的生活型態做出選擇。

無論人在什麼時候選擇了自己的生活型態，這種生活型態都會長年影響自己看待世界的方式，甚至讓人以為除了自己的生活型態外，沒有其他的生活型態存在。不過，儘管最初的選擇是無意識的決定，但依然是自己的決定，因此現在還有重新選擇的機會。

前面指出，有些人覺得維持現狀或不幸比較好，因為他們已經下定決心不要改變自己的生活型態了。即使不方便、不自由，自己長年熟悉的生活型態還是比較好。要讓他們解除這個「不改變」的決心並不容易；甚至可以說，如果原本的生活型態沒把他們逼到絕境，就很難改變。不過，決定生活型態的不是其他某種力量而是自己，所以只要現在下定決心，生活型態還是可以改變的。

生活型態為何可以改變

我想，有些人會認為，每個人看待自己或是這個世界的方式，應該各不相同吧？然而，並非任何一種生活型態都能讓人獲得幸福。如同先前所提，人即使想要獲得幸福，實現這個目標時還是會選擇錯誤的手段。

話說回來，我們不能將生活型態當成自己不幸的原因。因為生活型態也是自己的選擇。

如果把阿德勒關於幸福的言論與生活型態做連結，並且非常簡單地整理，就會成為下列這段話：

「人生並不複雜，是我把人生變複雜。所以，活得幸福這件事也變得困難。只要改變『人生被賦予的意義』（生活型態），世界會變得難以置信地單純。」

「世界會變得難以置信地單純」這句話，引用自與阿德勒一起在維也納工作的莉蒂亞・吉哈（Lydia Sicher）（這段話令我印象深刻，因此也在著作《阿德勒心理學入門》中引用）。

吉哈從某個星期六開始閱讀阿德勒的著書《關於神經質性格》，而下星期一也是假日。

「那天非常熱，但我慶幸只有自己一個人在。我將阿德勒的書從頭到尾讀了三次。

星期二早晨，我從椅子上站起來。世界變得不一樣了……阿德勒教會我，世界是難以置信地單純。」[5]

一個人賦予人生、世界或自己什麼樣的意義，代表他如何看待這些事物。人即使有相同的經驗，賦予這些經驗的意義也不會完全相同。有些人覺得痛苦的經驗只是痛苦，但也有人會覺得這樣的經驗雖然痛苦，卻可以從中學到許多東西。有些人會覺得身邊都是可怕的人，但也有人會感覺自己受到身邊的人保護。

由此可知，賦予意義的方式因人而異。有些人或許會把這樣的觀點與幸福的問題結合在一起，認為「重點在於自己怎麼想」，但阿德勒的意思並非如此。他並沒有主張只要改變想法，就能讓痛苦的人生變輕鬆。

如果只要改變想法就能獲得幸福，那麼不管現實如何，只要能夠主觀感受到幸福即可。此外，或許也可能只是因為別人覺得自己幸福，就感受到幸福。然而，就像每個人對於食物的甜味、辣味、苦味感受不相同，也不會成為什麼大問題，但如果要判斷某種食物對身體有益還是有害，就不能主觀決定。幸福也一樣，只有別人覺得幸福而非實質上的幸福，也沒有意義吧！

一個人如果改變賦予自己或世界的意義，那麼他與世界產生關係的方式，甚至是行動都必定會跟著改變。讓我們一起來思考，人要如何改變賦予這些事物的意義，才能獲得幸福呢？只要改變賦予這些事物的意義，就能改變自己與世界或他人的關係嗎？

如果我們像阿德勒所說的一樣，在四、五歲時就選擇自己的生活型態，也就是為他人和世界賦予意義，那麼我們可能會反駁：「這個年紀連語言都還沒有充分發展，即使當時選擇了自己的生活型態，也無法為選擇的結果負責。」

關於這點，阿德勒是這麼想的：既然「現在」已經知道了自己的生活型態，那麼知道這件事的本人，就應為「未來」該怎麼做責任。我試著引述阿德勒的話：「無論是否能夠成功說服別人協助改正（生活型態的）錯誤，要不要下定決心做出改變都是個人的責任。」[6]

這裡寫出了讓我們獲得幸福的線索。

---

1 Manaster, Guy et al. eds., *Alfred Adler: As We Remember Him*

2 《個體心理學講義》

3 《個體心理學講義》

4 《追求生之意義》

5 Manaster, Guy et al. eds., *Alfred Adler: As We Remember Him*

6 *Superiority and Social Interest*

第二章
這樣面對自己才能活得幸福

幸福與生活型態

前面寫到，人雖然會把「幸福」當成目標，但在選擇達成目標的手段時卻會發生錯誤。首先讓我們想想看，人朝著幸福前進與生活型態之間有什麼樣的關聯。

這兩者並非完全無關，如果生活型態錯誤，也無法正確判斷什麼是幸福，或者嚴格來說，無法正確分辨什麼是可以獲得幸福的手段。

這時，我們也可以說，生活型態就是一種傾向或模式，可以用來判斷做什麼事情是好的，或者做什麼選擇是好的，什麼有利於自己或不利於自己。也就是說，即使身處不同狀況、面對不同的人，對自己有利的事情都是相同的。若基於這樣的想法做出判斷，那麼這樣的抉擇就能獲得幸福。

所謂自己所處的狀況就是人際關係。人在人際關係中採取的行動會形成一種模式，這種模式就稱為生活型態。

本章將以生活型態與幸福的關係為基礎，試著從生活型態面思考該怎麼做才能活得幸福。

你喜歡自己嗎？

如果我詢問前來諮商的人：「你喜歡自己嗎？」得到的答案都是「討厭」，幾乎無一例外。

以手機來說，如果不喜歡現在使用的手機，可以購買款式更新、機能更好的機種。但如果是「自己」的話，就算不喜歡這樣的自己，也無法換另一個自己。在接下來的人生中，到死都必須與這個自己相處。即使我們不喜歡現在的自己，也無法像購買新手機一樣換一個自己，如果這樣就無法獲得幸福的話，我們絕對不可能變得幸福。

阿德勒曾說：「重要的不是得到什麼，而是**如何使用得到的東西。**」[1]這句話的意思並不是「即使不喜歡現在的自己也必須忍耐」。阿德勒的意思是：「如果無法把現在的自己變成另一個自己，那就賦予這個自己不同的意義，讓同樣的自己看起來變得不一樣。」這是讓人變得喜歡自己的方法之一。

不過，在此必須指出一件重要的事。如果一個人無法喜歡自己，**其實是他自己**

決定不喜歡自己，而不是「自己有這樣的一面，所以我無法喜歡自己。」

如果用喜歡、討厭某個人的情況來想就可以理解了。我們會如何看待一個人，其實是自己決定的。如果我們討厭某個人，輕易就能找到討厭的理由。譬如某個人說，我討厭他或她優柔寡斷的個性。但是，這個人以前覺得他現在批評的人很溫柔，也喜歡他或她沒有控制欲的特質。或者，我們可能原本喜歡某個人做事謹慎、仔細，後來卻開始發現他連細節都要計較很囉唆。或是原本覺得某個人大而化之，後來才開始發現他很白目。

我現在說的雖然是「開始發現」對方與剛認識時不一樣，但事實的真相卻是，「我們自己決定要讓對方看起來不一樣」。換句話說，改變的不是對方，而是我們看待對方的眼光。

像這樣改變看法是有目的的。我們並非突然毫無理由地以不同於先前的眼光看待某個人。我們之所以會改變，是為了要**終止與這個人的關係**。有些人不想承認自己不再喜歡某個原本喜歡的人，因此只要覺得對方改變了，就有正當理由可以決意終止與這個人的關係。

人討厭自己也可說是相同的情況。這樣的人從一開始就下定決心不要喜歡自己。正因為有這樣的決心，才會想不出任何自己的優點，只把目光擺在缺點上。他之所以不看優點只看缺點，就是為了要討厭自己。

那麼，人為什麼會下定決心討厭自己呢？我想，前面關於「看待他人的眼光」的說明就可以理解，但如果要說得更明白一點，這是因為我們決意**不與他人建立關係**。

即使我們想與某個人建立良好的關係，還是可能遭到對方討厭。如果因為害怕被討厭而從一開始就不想與對方建立關係，那麼就能源源不絕找到自己的缺點。這樣的人會認為因為自己有這些缺點，所以沒有人願意接納自己。他們覺得，這些缺點造成自己無法對喜歡的人表明心跡。

別人不接納自己、不喜歡自己是一件很難受的事，我們可能會覺得自己這樣很不幸吧？但**這樣的不幸，其實是自己選擇的。**

如同先前所提，生活型態是人際關係中的行為模式。有些人即使討厭這樣的自己，一旦提到要他們改變行為模式，還是會害怕。因為如果下定決心改變行為模式，採取不同於先前的行動，就無法預測下個瞬間會發生什麼事。所以即使不方便、不自由，他們依然執著於自己原本的生活型態。

有些人與自己偷偷懷有好感的人擦身而過時，看見對方移開眼神，就覺得對方是在躲避自己。他們並不是因為對方躲避自己而放棄表明心跡，而是因為不想發展進一步的關係才覺得對方是在躲避自己。在我看來，這樣的人自己堵住了通往幸福的道路。

想盡辦法避免與他人建立關係的人，因為下定決心不可以喜歡自己，所以對這樣的人來說，要變得喜歡自己、變得幸福並不容易。打個比方，這樣的人因為背對著他人，所以如果不把身體轉過來與他人面對面，就會像待會兒提到的，即使試著以優點取代缺點也還是不夠的。換句話說，**如果他不改變避免與人建立關係的決心，就無法以正面的態度來看待現在的自己。**

如何才會喜歡自己呢？

由此可知，如果不喜歡自己就無法獲得幸福。但是該怎麼做，才能不再討厭自己呢？

第一點，就像前一章提到的，必須知道**生活型態是自己選擇的**。因為做出決定的人是自己，所以也可以重新決定。與其說是因為有缺點，所以無法喜歡自己，還不如說是因為自己決定不要喜歡自己，才會只把眼光放在自己的缺點。若是如此，只要改變這個決定就可以了，但是改變決定也非一件簡單的事。

第二點，必須知道**世界上除了自己原本的生活型態外，也存在著其他的生活型態**。我們不能只是討厭自己原本的生活型態，還應知道現在存在著不同於自己當初選擇的生活型態，即使剛開始選擇其他生活型態會不習慣，但只要能夠確信這樣的生活型態能讓自己活得簡單、幸福，就能夠產生改變。

衡量自己的兩個標準

大致來說，有兩項可以衡量自己的標準。第一項是會不會讀書。現在的人不可能不關心這件事，即使是很小的孩子，如果父母很早就強迫他為了接受入學考試而讀書，那麼他也必然會關心自己會不會讀書這件事。

但是，如果孩子不需接受入學考試之類的，那麼他上小學之前的人生，就與這個標準無關。這段時期對孩子來說是和平的時代。但是孩子長大成人之後，就會從讀書考試的人生當中解放，不再受到這項標準影響了嗎？似乎也不盡然。開始工作之後也須接受必要的考試，或者變成以工作表現衡量自己。

衡量自己的另一項標準，則是朋友的多寡，或是否容易交到朋友。一個人如果很容易交朋友也擁有很多朋友，別人就會評價他個性開朗、積極外向。「開朗」的相反詞是「陰沉」，因此一般會認為開朗是好的。

對這兩項標準的任何一項有自信似乎是好事，但事情並非那麼簡單。

有些人可能會覺得自己即使朋友不多、個性一點也不開朗，但因為會讀書所以不用擔心。然而學校的課程會愈來愈難，如果不只交友方面受挫，在讀書方面也覺得比不上別人，那將是很痛苦的一件事。

相反地，有些人以為自己雖然不太會讀書，但朋友很多，不過這樣還是可能會失去朋友。如同在下一章看到的，交朋友也需要努力，不可能光靠人品就可以吸引別人。

重新審視至今為止的自己

雖然說要改變生活型態，但實際上不太可能讓一個原本謹慎低調的人，一夜之間變成大而化之、開朗的人。

不過，即使是覺得自己個性陰沉的人，也能夠改變對自己的看法。小學的時候，常有人對我說過分的話，讓我難堪。有一天我突然意識到，至少自己從來不曾故意傷害別人。因為我有過難堪的經驗，所以我知道說出什麼樣的話會讓人難堪。

周圍「開朗」的人會一臉若無其事地說出過分的話，但我發現，自己總是考慮別人的心情，經常思索如果說出這樣的話，聽在對方耳裡是什麼樣的感受。

因此，我可以形容自己是「溫柔」而不是「陰沉」吧？這樣形容自己雖然需要勇氣，但我經常對在諮商中遇到的、很像過去的自己的年輕人這麼說。如果覺得自己是溫柔的，就會喜歡自己。

我的意思並不是人非得開朗不可，而是如果以否定的態度來看待陰沉，那麼覺得自己個性陰沉的人就沒有辦法喜歡自己。所以我就思考，是否能夠從不同的角度來看待陰沉這件事呢？

我經常想，連自己都不喜歡自己了，別人又怎麼會喜歡自己呢？當然，即使我們開始喜歡自己，別人也不一定會跟著喜歡我們，但至少別人喜歡這樣的我們的可能性，也會比討厭還高吧！如果我們不試著開始喜歡自己，不進入與別人的關係中，那就什麼改變也不會發生。

不陷入他人的評價當中

即使我們不喜歡自己，但遭到別人當面指出自己的缺點還是會不舒服。很多人都會在意他人的評價。但是，因為他人的稱讚而開心，因為他人的指責而悲傷、憤慨，這真是太奇怪了。人的價值，並不會依附在別人的評價上。一個人被批評為壞人，也不會真的變成壞人；相反地，就算被稱讚是好人，也不會真的成為好人。

在意他人的評價，代表想要迎合別人對自己的印象。這剛好就和把自己想做的事情擺在一旁，以便符合他人期望而活的人一樣。如果活著不只要滿足一個人的期望，還要滿足許多人的期望，就非得十分勉強自己不可，也必須不斷地看著別人臉色過日子。

不僅如此，我們如果只是不斷地配合在意別人對自己想法的人，那麼結果就是我們將會不信任那個人。因為最後會發現，自己宣誓忠誠的對象，不是想法互不相容的人，就是與自己敵對的人。

做原本的自己

更重要的一點是，不要試圖展現出比真實的自己更好的樣貌。即使不刻意表現得更好，還是會有人願意接受你現在的模樣。但害怕他人評價的人，就不相信有這樣的人存在。不僅如此，他們也無法相信周圍的人，且認為沒有人會真正接納自己。

努力讓自己變得和從前不同很重要，也有必要，但如果只是因為害怕別人的批評而去迎合，那麼即使能夠努力讓自己改變，你也不再是你自己了。

猶太教有這樣的教義：**「如果你不為自己的人生而活，那麼究竟誰會為你的人生而活呢？」**我們是自己人生的主角，不是別人人生舞台中的配角。這句話說的雖然是生活方式，但如果害怕他人的評價，而企圖去符合他人的標準，那麼可說是沒有活出自己的人生。

在自己身上打不同的光

多數人恐怕從孩提時代開始，就很少聽到父母的稱讚吧！因為比起優點，父母更容易把焦點擺在缺點或問題上。因為孩子的問題而前來諮商的父母，能夠滔滔不絕地敘述孩子的缺點，但如果詢問他們孩子的優點，他們的態度就會與之前截然不同，變得完全說不出話來。

這樣的父母養育出來的孩子，也能滔滔不絕地說出自己的缺點，但卻很難想得出自己的優點。即使沒有受到父母影響，一般人也不認為說出自己的優點是值得鼓勵的，因此要在別人面前提到自己的優點，就會讓人退避三舍。

某天，朋友聽到我說：「我頭腦很好，也很會說話。」他嚇了一跳。他吃驚的是，原來有人可以這樣若無其事地把自己的優點說出來。即使沒有其他人指出我們的優點，我們還是可以看見自己優秀的地方。就算他人不贊同這樣的行為也無須在意。

舉例來說，如同先前提到的，我們眼中的自己可以是溫柔而不是陰沉，也可以把自己的沒耐心看成是做事果斷。譬如當我們開始讀一本書時，如果發現目前不需要這本書，要是沒有把書闔上的勇氣，就只是浪費時間而已。因此，即使自己在周圍的人眼中看起來沒耐心，我們還是可以把自己看成是做事果斷的人。此外，覺得自己膽小的人，也可以說自己不是膽小而是慎重；注意力不集中的人，也可以說自己能夠一心多用等。人可以從正面的觀點重新審視自己。

我在高中時，母親擔心我沒有朋友，曾經找導師商量這件事，結果導師這麼說：「他不需要朋友。」這句話讓我父母徹底放下心來。當我從母親口中聽到這件事時也吃了一驚，原來可以這麼想啊！我的導師為「沒有朋友」這件事打上不同的光。

我曾經有過個子太矮的煩惱。當我找朋友商量這件事時，朋友一笑置之。如果朋友當時對我說：「這真是太糟了！」我可能會向他抱怨自己因為身高而吃了多少苦頭吧！

但是，朋友的反應卻不是這樣。我雖然曾經覺得他不了解我，但仔細一想，外表理應完全不會損及身為人類的價值。這時我才發現自己企圖透過以身高當作問題，逃避與他人建立關係。

朋友雖然這樣乾脆地拒絕了我的抱怨，但他同時也這麼說：「你有讓人放輕鬆的能力。」當然，我想他說的不只是外表，而我也覺得自己很少帶給他人壓迫感。我聽了這位朋友的話之後，也開始覺得自己並非一無是處。不可思議的是，當我能夠以不同於以往的方式看待自己時，就再也不會意識到個子矮這件事了。

如同前述，站在否定的角度看自己，是因為不想積極與他人建立人際關係。我們必須以前述方式重新審視自己，藉此發覺自己的價值，才能不再躲避人際關係。

不需要接受別人賦予自己的屬性

話說回來，父母也不是一開始就光會數落孩子的短處或缺點。我想起自己小時候，祖父常對我說：「你是個聰明的孩子。」雖然我不討厭祖父這麼說，但問題在於，當父母決定孩子的性質——譬如「你是這樣的孩子」——時（精神科醫師連恩稱之為「賦予屬性」）[2]，事實上也會成為一種「命令」。父母對孩子說：「你是個好孩子。」這句話其實就是在命令他：「請你當一個好孩子。」

有些孩子在面對父母這種實質命令時會乖乖遵守，甚至沒有發現這是命令；但也有孩子會違背命令，認為沒有必要滿足父母的期待。

就我的情況來說，我無法符合祖父賦予我「你是個聰明的孩子」這個屬性，且堅信自己「無法符合」是正確的。

祖父在我上小學之前，就老是對我說：「你以後要上京都大學。」當然，我不認為當時能了解這句話的意思，但當我上了小學第一次拿到成績單時，看見自己的數學只得三分時（五分制），就覺得自己應該上不了京大。我花了很長一段時間，才從自己不會讀書的誤解中走出來。

由此可知，**我們不需要接受以父母為首的他人賦予我們的屬性**。我認為不管他人怎麼說，我們都可以主張「我是這樣的人」。因為我們不是為了達成他人的期待或滿足他人的期望才來到這個世界上。

舉例來說，讓我們想像一下父母反對我們與戀人結婚的情況。當父母反對你和那樣的人結婚時，代表他們對你有所期待，希望你是這樣的孩子。這種父母會將自己期待的屬性強加在孩子身上。

在這種情況下不需要滿足父母的期待，我認為即使抗拒父母想要賦予你的屬性也沒關係。父母或許會傷心、感嘆，**但他們必須自己想辦法處理這種情緒**，孩子對此無能為力。

不過，也有人為了不讓父母傷心而順從他們，也就是放棄與父母反對的男朋友或女朋友結婚，因為這樣的人接受旁人賦予他們的「不管父母說什麼都聽，是個溫柔的好孩子」的屬性。

但是，即使像這樣順從父母的意志，放棄自己想要的、而順從父母安排的婚姻，將來也可能會後悔。不僅如此，如果收回自己的想法，下定決心接受父母的安排，這麼做也是有目的的。這是為了不要背負自己下決定所伴隨的責任，如果因為順從父母的想法而導致往後人生的不順遂，就可以**將責任轉嫁到父母身上**。

如果決定要不順從以父母為首的他人自由自在地活下去，或許很快就會被討厭，產生大大小小的摩擦。但是，**被討厭是想要活得自由必須付出的代價**。我們可以反過來這麼想，如果被某個人討厭，就可以證明自己活得自由。

有可能被討厭

有個罹患暴食症的大學生，某天她說，即使到了現在，當她想起自己去年有十天無法去學校時，心裡還是很痛苦。

大學生因為十天無法去學校而懊惱，對我來說是不可思議的事情。仔細詢問之後得知她母親是個嚴格的人，不准她白天待在家裡不去學校。因此她不得不走出家門。但是她無法去上學，所以只能在自己家附近的公園或咖啡店打發白天的時間，到了傍晚才一臉若無其事地回到家中。這樣的日子似乎持續了十天。

我想說的不是蹺課也無所謂，而是這種時候應該更強烈地主張自己的想法。我認為她之所以會罹患暴食症，就是想要表達這樣的意思：「其他事情就算了，但只有我的體重，就算是父母也不能控制。」

暴食症等精神官能症的症狀存在著發洩的對象。就這個大學生的情況來說，這個對象就是她母親。大學生想要藉著這個症狀，誘使母親做出某種回應。

我想各位已經知道，她不必那樣傷害自己的身體，只要對父母說一句：「我不去。」就可以了。她可以不用符合父母想要她「當個好孩子」的期待，或是不聽從父母的命令也無所謂。

自己內在的聲音

這樣的她，某天把頭髮染成鮮紅色。我嚇了一跳，對她說：「妳母親一定很吃驚吧？」

「嗯，媽媽說看起來很礙眼，在家裡時要戴著三角巾。」

「那麼，妳怎麼做呢？」

「我照著媽媽說的話做，戴上三角巾。」

「然後呢？」

「到了第三天，我開始想自己為什麼非得這麼做不可，所以就不再戴三角巾了。不過，媽媽什麼也沒有說。」

最初，「不要讓父母失望，當個好孩子」確實是來自母親等外在人物的聲音，但或許不知道從什麼時候開始，就變成自己內在的聲音了。

因為不想違背父母的期待而當個好孩子，或許當初只是為了回應父母的請求，但不知不覺間「自己必須是個好孩子」卻變成規範，將自己綁住。

如果孩子做出違反父母期待的行為，父母或許會覺得孩子是在反抗，但這不是反抗，而是孩子的**「主張」**。我認為年輕人不擅長表達自己的主張，因此會做出大人眼中的問題行為，或是罹患精神官能症，看來他們只懂得以傷害自己的方式表達。

來自社會的壓力

「你必須是這樣的人」這種命令不只來自父母，也來自「社會」或是「輿論」。尤其對年輕人來說，社會將成為一種擋在他們面前的無言壓力。

某次搭新幹線時，坐在身旁的一名年輕人對我說：「大人總是叫我適應社會，但是，這麼做我就跟死了沒什麼兩樣。我該怎麼辦才好呢？」

人不是獨自一個人生活，而是活在社會當中，因此受到某種程度的限制也可說是莫可奈何。

過去曾有一段時間，大家普遍認為「個人」是「為了社會而存在的」。據說希臘強盜普克拉提斯會讓抓來的旅人睡在自己的床上，如果旅人的身體比床短，他就硬是把旅人拉長；如果身體比床長，他就把超出床外的部分切斷，將旅人殺死。

然而，現在這個時代，很少人能毫不遲疑接受「個人為了社會而存在」這種說法吧？阿德勒也不贊成強迫個人勉強適應名為「社會」的這張床。

即使如此，我們還是會像這個年輕人一樣，覺得自己被要求必須適應這個社會，我想不少人也有被強迫的感覺。如果我們想要活出不屬於他人、而是自己的人生，或許這種被強迫的感覺就無法避免。但我認為，回過頭來問自己，是否因為社會無言的壓力，而使你無法做自己真正想做的事情，這點非常重要。

如果有人問我：「做自己喜歡的事情真的好嗎？」（雖然我也不知道有沒有人會問這種問題）我應該會回答：**「雖然我不知道好不好，但這是自己的人生，做自己喜歡的事情又何妨？」**沒有人活在這個世界上是為了滿足他人的期望。

即使有人不講道理地干涉我們的人生，我們也能拒絕這樣的疲勞轟炸，就算干涉我們的是父母也一樣。我在年輕時教過一個高中生，某天對想要為他做人生決定的父親說：「這是我的人生，請讓我自己決定。」即使到了現在，我依然不時想起這句話。

保持原本的你就可以了

了解上述的概念後，接下來讓我們試著思考兩件事情。

第一，我在前面寫到希望各位下定決心做原本的自己，但這並不代表「自己可以什麼都不做」。我所謂「做原本的自己」，指的是不因為他人的評價而患得患失，而是要從別人的眼光，也就是**從別人對自己的印象中解放出來**。

不去配合父母、社會等旁人暗示或明確的命令，展現出他們心目中或他們覺得我們應有的形象，是需要勇氣的。這種的形象可說是他人對我們的期望。只要不勉強自己去配合這種形象，就能獲得自由。

此外，也不要因為在意他人的眼光，而試圖表現得比真正的自己還要好。要做到這點，必須下定決心讓別人看見真實的、原本的自己，這真的需要勇氣。事實上，當我們開始不在意別人怎麼看、**覺得保持原本的自己就可以時，就已經有了很大的轉變**。我們甚至可以說，當人不再努力改變自己時，他就已經改變了。

更進一步來說，別人或許對我根本沒有任何期待。有些人過斑馬線時，討厭坐在車上的人目不轉睛地盯著自己看。的確，坐在車上的人可能會看著過斑馬線的行人，但他們或許根本沒盯著我們看，而且一旦變綠燈，車子過了十字路口，應該也已經完全把過斑馬線的行人拋在腦後了。當然，日常生活中的人際關係沒有這麼極端，但覺得「每個人」對自己都有期待，只是自我感覺良好。

由此可知，我們不需要在意別人的眼光，並試圖表現得比真正的自己更好。讀書或工作也一樣，重要的是有沒有實際學到東西，別人怎麼想都不應該是問題。如果別人對你已經有先入為主的印象，覺得你是個會工作或是會念書的人，要符合這樣的印象就很辛苦。有些人害怕成績不好、評價變差，因此為了取得好成績而不擇手段；也有人覺得如果自己無法取得好成績，無法獲得好的評價，就不接受考試。這些都是無聊的舉動。

保持原本的自己好嗎？

還有一點，即使我們說，個人不是為了社會而存在的，所以不需要適應社會，但用阿德勒的話來說，人只有在社會或人際關係的脈絡中，才能成為個體[3]，因此從一開始就無法脫離人際關係生活。

如果我們獨自一人生活，就不需要本章討論的生活型態或語言。我們為了把自己的想法、感情、希望或不希望對方做的事情傳達給他人，所以需要語言。生活型態也一樣，並非與生俱來無法改變，在面對不同人時會有些微的差異，也會因為場合的不同而有大幅變化。

本章帶領各位思考如何面對自己才能活得幸福，並且討論了一般稱為「性格」的生活型態，但生活型態不像性格那樣屬於與生俱來的性質，而是會在人際關係當中改變，因此自始至終都不能當成是內在的問題。

不受他人評價影響是獲得幸福的必要條件，但無論他人是否肯定自己，人際關係都會決定自己是個什麼樣的人、要採取什麼樣的行動，所以不同於我們一直以來的討論；在另一層意義上，有些時候也不能保持原本的自己。

歸屬感是基本需求

另一方面，我們最基本的需求是歸屬感，也就是自己屬於社會、職場、學校、家庭等某個共同體的感覺，是一種自己可以安心待在這裡的感覺。我們也可以說，**人採取行動的目的，就是為了獲得這種歸屬感**。所以，有些人為了能夠安心待在某個群體中而刻意低調，即便覺得別人說的話有點奇怪，也寧願保持沉默；也有人在自己希望歸屬的共同體中利用做出問題行為引起別人的注意，藉此獲得歸屬感。

阿德勒認為，人不能只是置身於某個共同體當中，而是必須積極與這個共同體產生關係，才能獲得歸屬感。那麼，到底該怎麼做才能獲得讓自己滿意的歸屬感呢？這個問題與我們先前思考的，也就是該怎麼做才能喜歡自己的問題有關。

重新審視自己

阿德勒曾說：「我們只有肯定自己的價值，才能懷著勇氣。」[4]這裡所說的勇氣，是面對人際關係的勇氣。

然而另一方面，討厭自己的人為了避開人際關係而否定自己的價值，因此他們下定決心不要喜歡自己。所以，要這樣的人喜歡自己必須從兩方面下手，一是想辦法讓他們肯定自己的價值，另一則是讓他們下定決心建立人際關係。因為如果只是告訴他們要懷著勇氣，這種精神主義式的喊話他們也聽不進去的。

「保持原本的自己就好」如同先前所見，指的是不要試圖表現得比實際的自己更好，不要再回應他人的期待。如果能夠做到這點，就已經帶給自己很大的變化了。如果能夠不再配合別人，也就是了解未經修飾的自己才是真正的自己，接下來就必須從這樣的自己出發。換句話說，保持未經修飾的自己，做原原本本的自己並不是終點，而是**起點**。

從對他人的貢獻中獲得自己的價值

我在前面提議，為了變得喜歡自己，可以把自己的缺點看成優點。這是因為我們無法把現在這個自己變成另一個自己，所以才要為自己打上不同的光，但除此之外，還有更積極的方法。請各位想一想，你在什麼時候會感到喜歡自己呢？應該不是在覺得自己沒用的時候，而是在**覺得自己對某個人有用處的時候**吧？

人之所以無法喜歡自己，是因為覺得自己對任何人都沒有貢獻，甚至還會成為其他人的阻礙。人討厭自己的時候，就會產生只要自己不存在，或許其他人都能和樂融融過生活之類的想法。

所以，我希望各位試著找找，自己能夠透過什麼事情，感受到對他人的用處。只要知道自己可以什麼形式做出貢獻，就能覺得自己有價值，因而開始喜歡自己。

我們在前面已經介紹了歸屬感，歸屬感不只來自我們所屬的共同體或周圍的人，也能藉由貢獻他人，產生能夠安心待在這裡的感覺。

有些人一聽到付出、貢獻等等，就會覺得無法把別人看得比自己還重要，但我不是勸大家犧牲自己。的確，有些人過於適應這個社會，雖然還不到自我犧牲的程度，卻把自己的事情擺到後面。

我認為人在貢獻、付出時，並不是犧牲自己、把自己的優先順序擺到後面，而是**自己也覺得為他人服務是一件開心的事**。把對他人的貢獻當成是自我犧牲的人，或許從來不曾為他人做過些什麼吧？

我所謂的貢獻並不是什麼特別的事。舉例來說，請你想像一下，當家人吃完晚飯後攤在沙發上看電視，自己一個人洗碗是什麼樣的感覺呢？我所謂的貢獻不是什麼大不了的事，就是這種日常生活中的小事。當然，更不是侍奉、義務之類的事情。

因為沒有人強迫你這麼做、也不是你明明有更想做的事，卻不得不忍著不做。洗碗是自發性的行為，你並沒有因為這樣的行為而產生什麼期待。

的確有些人會覺得當其他人都在休息時，只有自己一個人必須做家事無法休息很痛苦，對此感到不滿或覺得吃虧、不合理。這樣的人覺得只有自己吃虧，他們的想法就會反映在態度上，試著強迫其他人，卻沒有人願意接受。

但如果試著這麼想呢：因為自己在飯後收拾殘局，其他家人才有時間休息，這麼一來就能感受到自己對家人是有用處的，因而更能夠喜歡這樣的自己吧？當你因為對家人有用處而感到開心，一邊哼著歌一邊品味著貢獻感，心情愉快地做著家事時，其他家人或許也會過來幫忙呢。

貢獻本身是完整的行為

話說回來，為什麼很多人無法這麼想呢？我認為這與從小接受的賞罰教育有關，尤其**讚美式教育的影響更大**。接受讚美式教育的孩子幫助別人並非出於自願，而是因為想要得到稱讚。結果愈來愈多人做出貢獻之後要求回報，覺得「我為你做了這麼多，你應該表示一下吧！」但做事只為別人的感謝就太不合理了。

獲得他人的肯定確實很開心，所以我能夠理解希望聽到他人對自己的肯定的心情。但如果說為了要接受自己、變得喜歡自己，絕對需要他人的肯定，卻也並非如此。因為即使懷著希望別人感謝、稱讚的心情試著為別人做些什麼，別人也可能不會發現。別人發現我們的用心雖然很開心，但如果別人沒有察覺也是沒辦法的事情。

反過來想，我們也不見得會察覺其他人為我們做的事情，並且出聲感謝他吧？如果有人沒發現我們為他做的事情，就為此感到生氣，並且決定再也不為他做任何事，那就太奇怪了。

對於不要求肯定的人來說，自己的行為本身就是完整的。他人是否肯定、感謝自己的行為並不是問題。他們覺得，即使沒有獲得他人的肯定或感謝，行為本身也具有價值與意義。

有些人要求對方感謝、回報自己所做的事情，但也真的有人即使誰也沒看見自己做的事情、誰也不肯定自己，依然會感到喜悅。我總覺得大家很難接受這種說法。因為對於無法感受這點的人來說，要想像對他人有用處時感受到的喜悅，就像在寒冬時想像盛夏的炎熱，或是在盛夏時想像冬天的嚴寒一樣困難。

即使沒有獲得他人另眼相看，只要有貢獻感，就能感受到自己有安身之地，並且變得喜歡自己。

不要期望別人對你說「謝謝」。不需要期待這種事情，也不需要特別意識到自己必須為別人做些什麼的想法，只要自己想做的事情能夠對別人產生用處就夠了。如果希望自己想做的事情能夠獲得別人的肯定，那麼這樣的行為只不過是自我滿足而已。

舉例來說，如果朋友突然生病住院，你會趕去探病吧？這與其說是為了朋友，還不如說是因為自己擔心所以才忍不住跑去醫院。假設是你住院，有人說他覺得你在醫院很無聊，所以才過來陪你之類的，你也不會開心吧？

接受別人的請求，而且心甘情願地幫忙並不容易。因為每個人都不願意把自己想做的事情、不得不做的事情挪到後面。即使如此，如果有一天別人來拜託你時，突然心血來潮乾脆地答應他的請求，你的心情也會變得超乎想像地好。這種時候，即使對別人沒有任何期待，也能產生自己對別人有用的心情，並且能夠一點一點地變得喜歡這樣的自己。

即使不是特別的事

在此有兩點必須注意。第一，前面雖然提到我們不需要他人的注意或肯定，但這並不代表我們與他人或是範圍更廣大的社會毫無關聯，或不需要產生關聯。因為即使不刻意追求別人的肯定，人只要生活在與他人的關係中，**就已經獲得肯定了**。

因此這個世界上沒有任何一個人是得不到任何人肯定而孤獨地活著。

「不需要刻意追求他人的肯定」、「不需要源源不絕地受到他人矚目」指的是「行為」的層次。另一方面，「人只要生活在與他人的關係中，即使什麼都不做也已經得到他人的認可」則是指「存在」的層次。

另一點則是關於自己本身。我們可以這麼想，**即使沒有做什麼特別的事，自己就已經為他人帶來貢獻**。如果過於強調貢獻的重要性，就會產生無法實際做出貢獻的人該怎麼辦的問題。孩子或許無法想像這個問題，但身為父母就會明白，孩子本身就是一種貢獻了。即使不符合父母的理想、是個問題兒童，或者生病，孩子本身的存在就是一種貢獻。

我想即便沒有孩子，只要想到自己所愛的人也能清楚了解這點。這個人只要在那裡便足夠了，我們不是因為這個人為自己做了什麼事而喜歡他。同樣，我們也可以這麼想：「自己雖然沒有做什麼特別的事情，還是能為他人帶來貢獻。」不過，我們需要勇氣才能這樣看待自己。

後面探討年老、疾病的章節中，會再次提到這個問題。

1《人為什麼會得精神疾病》

2 Laing, R.D. *Self and Others*

3《個體心理學講義》

4 Stone, Mark and Drescher, Karen, eds., *Adler Speaks*

第三章

這樣面對他人才能活得幸福

如何看待他人

回顧到此為止的內容可以知道，我們無法把「我」這個工具換成其他工具，從今以後也必須一直使用下去。所以如果不喜歡上自己，就無法獲得幸福。

然而，不喜歡自己的人很多。前面也提到，人之所以不喜歡自己，是為了逃避與他人之間的關係。人為了喜歡上自己，必須把自己身上原本以為是缺點的部分重新視為優點，而且也必須覺得自己對他人有幫助。

於是，人藉著這樣的方式得到「我可以在這裡」的感覺。而前面也提到，這份歸屬感以「我在這裡」、「我活著」做為出發點，不只他人可以帶給我們這種感覺，我們也可以透過對他人付出獲得這種感覺。

但是，一個人如果覺得他人都是可怕的，只要一有機會就會陷害自己、傷害自己，就不會想要幫助他人。這樣的人既無法喜歡上自己，也不可能獲得歸屬感。

對此，阿德勒認為其他人都是**「夥伴」**。他提出了「共同體感覺」的想法，這個想法簡單來說，就是所有人都是夥伴，人與人透過這種感覺產生連結。

我們只有在覺得某個人是夥伴時才會關心他、想要為他做出貢獻、提供他協助。如此一來，問題就會逐漸進入到如何看待這個人、如何面對這個人。

但是，我們無法輕易就把他人當作夥伴、同伴、朋友，而不是可怕的人，並且會在必要時提供我們協助。我想應該有很多人確實開始喜歡自己了，但依然覺得他人很可怕、不能相信。

如果我們因為緊張而說話不流暢，或許會覺得別人在嘲笑自己。但是，當自己聽別人說話時，如果對方沒辦法好好說，我們會嘲笑他嗎？我反而會想替他加油。

只要一想到這個例子就能知道，即使自己說話時卡住了、說不出話來，他人也不會因此而看不起自己。

話雖如此，我們也可能因為某件只發生一次的事，而不再把他人當成同伴。就我的經驗來說，在我還是小學生時，平常溫厚的父親某天毆打我，雖然只有那麼一次，卻讓我一直無法釋懷。現在回想起來，當時一定做了件嚴重觸怒父親的事吧！然而不知道是幸或不幸，現在我已經不記得激怒父親的原因到底是什麼了。

當然，我不是因為這件事，才與父親疏遠。反而應該說，我之所以一直忘不了這件事，是因為與父親的關係不親密。

即使不是害怕某個特定對象，而是覺得每個人都一樣可怕的人，也不會想要靠近他人，或者嘗試幫助他人。對這些人來說，他人實際上可怕與否並不重要，**他們是為了避免與他人有所牽扯，才把其他人視為可怕的對象。**懷著這種想法、避免與他人產生關係的人，需要發生一些事情來正當化自己對他人的恐懼。就我的情況來說，被父親毆打就是這樣的情況。

問題是，我們只要繼續活在這段人生中，就無法避免與他人產生關係。本章首先全盤檢討自己與他人的關係，接著再考察阿德勒所謂的「人生的課題」，也就是人際關係。

擺脫自我中心

我在第二章提過，我們不應該滿足他人的期望、也沒有必要裝出更好的樣子。

但為了站穩自己不需要為他人而活的立場，我也不得不承認**他人同樣不需要為了滿足我們的期望而活**。

我們或許會違背他人的期望，但他人也可能違背我們的期望。且即使他人不願意滿足我們的期望，只要這點沒有帶給我們實質傷害，我們也沒辦法說什麼，因為我們沒有理由生氣。

阿德勒之所以認為其他人是夥伴，因為這樣就不會對他人懷著錯誤的期望。相反地，如果不把其他人當成夥伴，就會陷入「我付出了這麼多，所以他也應該給我這麼多回饋。」的想法當中。如果抱著更大的期望，即使自己什麼都沒做，也會認為他人必須為了滿足自己的期望而採取行動。

像這樣只因為他人沒有滿足自己的期望，就不把他人當成同伴的人，很顯然只對自己感興趣。

之後我們會具體看到，只對自己感興趣的人在人際關係上有什麼樣的困難。在此先指出一點——只對自己感興趣的人**必定會失望**。因為他們認為別人的付出是理所當然，所以只關心他人為自己做了什麼。對這樣的人來說，自己是世界的中心，世界繞著自己而轉。

對別人提出要求

前面已經提過，自己不是為了滿足他人的期望而活；他人也不是為了滿足自己的期望而活。然而，要說每個人都能隨心所欲地活在這個世界上嗎？卻也並非如此。每個人都有希望別人去做或不做的事。

這種時候就要對別人提出要求，但我們不可能去命令和自己擁有同樣權利的人。因為命令一個人是一種不給對方拒絕餘地的說話方式。

「去做……」顯然是命令，而「請你去做……」雖然表達方式較委婉，對方聽到一樣難以拒絕，因此同樣也是命令。

要對別人提出要求，只能以請求的方式。請求與命令不同，是一種給對方拒絕餘地的說話方式。**「可以幫我處理……嗎？」**或是**「如果幫我處理……我會很高興**

（很感謝）」就屬於請求。對方聽到請求時的反應也和聽到命令時不同，大部分的情況下都會爽快答應。

別人答應請求是出於善意而非義務，因此他也可能拒絕我們。即便如此，也不要一開始就斷定這個人不會答應自己的請求。

以前曾經發生過這樣的事。

有個年輕人在擠滿人的電車中，把包包擺在自己旁邊的座位上。我猜想這個年輕人可能不知道自己這麼做會造成他人的困擾，但害怕糾紛，我什麼都不敢說。就在這時，一位男性走過去對年輕人開口：

「不好意思，包包可以拿開嗎？」

年輕人雖然一臉驚訝，依然一邊說：「抱歉！」一邊把座位空了出來。

開口向他人求助

這件事讓我重新意識到，當我們希望對方做某件事的時候，**如果不確實地說出**

來，對方就不會知道。

如果我們不說話，對方卻也能正確知道我們在想什麼、感覺到什麼，或者希望他做或不做什麼，這種體貼或細心確實可以稱得上美德，但實際上，這不可能辦到吧？

問題在於，會要求自己在他人什麼都沒說、也要察覺到對方想法與心情的人，會以相同的標準要求別人，而且會責怪那些無法察覺自己需求的人。但我不認為我們不說話，他人也應該要能知道我們在想什麼。

所以，需要他人幫助的時候我們只要開口說明白就好。當然，如果是自己可以做到的事，開口拜託別人幫忙時很可能遭到拒絕。

人不可能獨自生活

不過我也開始思考，如果不管發生什麼事都不接受他人的幫助又會如何呢？在幫助別人的同時，如果遇到自己無法解決的問題，接受別人的協助也不必感到羞恥。但是在依賴、受寵的環境下成長的人或許難以想像這樣的情況，也有人不管什麼事情都得獨自承擔，為此走投無路。

人無法完全不靠別人幫助而自力更生，所以尋求必要的援助也無所謂。人不可能獨自生活，這不僅僅意味著人是一種脆弱的生物。人並不是「原本獨自生活，只有在必要時才與他人建立關係」的生物。日文的「人類」寫做「人間」，如同這兩個字所示，人類原本生活在「人群之間」，是無法脫離人際關係獨自生活的。

我們在前面提到了害怕他人評價的問題，而在意他人的評價就已經代表我們活在世上就會與他人建立關係。

就算把他人當成敵人，也是透過敵對的形式與他人產生連結。這樣的人不僅不會順著我們的意思行動，還希望我們能聽從他的想法，因此理所當然會發生衝突。

這個世界是危險的嗎？

除了身邊的人外，我們也會接觸其他人。身邊的人會幫助我們，但如果眼光稍微拉遠一點，就會覺得這個社會或世界看起來就充滿危險，並非人人都是好人，也有討厭的人、難以相處的人。再加上報紙或新聞報導的事故、事件、災害、戰爭，或許會覺得其他人不僅不是「同伴」，甚至還是「敵人」，如果不小心提防可能會遭到陷害，這個世界是危險的地方。

當然，要說這個世界一點也不危險是騙人的。但即使如此，也不能挑起過分的不安，如果太過強調外面的世界是危險的，原本就不想走出去的人，就會把「這個世界很危險」當成理由。即使不是拒絕走出去，也會不再積極與他人建立關係。

我們應該不至於把從報紙或新聞上得知的事件一般化，說出「人人都是我的敵人」這樣的話吧？這充斥著人的世界雖然有危險，但如果覺得到處都充滿危機，片刻不能大意，就有點過頭了。

雖然不能說這個世界完全不危險，然而發生危險的事時，也有願意保護我們的人，我們更應該把注意力放在這個部分。

我的祖父在戰爭時，臉部受到燒夷彈波及，嚴重燒傷。母親常說，祖父搭乘市電去醫院治療時，一定有人讓座給他。我想母親的話中，帶有今不如昔的暗示，但如果說現在的人已經沒有善意了，卻也並非如此。現代人即使看起來很可怕，或像前面提到的把包包放在隔壁座位上的年輕人那樣，看起來冷漠，但只要請他把包包挪開，他也會坦率的答應；而看到有懷孕女性上車時，率先起身讓座的，也是年輕人。

我可以做什麼呢？

我們活在與他人的連結當中，這點對他人來說也一樣。有時看起來像是與他人為敵，但我也希望各位知道，我們無法脫離與他人的關係獨自過活。

如同先前提到的，就算自己只是單純地活著，都還是需要接受他人的付出；但即便自己只是單純的活著，對他人來說也已經是一種付出了。不僅如此，我們知道人存在於世上原本就像前面看到的那樣相互扶持之後，如果可以的話，希望各位可以把心思擺在**積極為他人付出這點上**。因為一個完整的人並非只有自己，也背負著他人的存在，其他人也一樣。我們要思考的不是他人為自己做什麼，而是自己能夠為他人做什麼。

如果必須尋求他人協助，也不必感到難為情。問題在於，這是不是必須自己完成的事情，以及自己是否打算一直依賴別人直到事情完成為止。

我的建議是這樣：我會盡可能完成自己能夠完成的事情。但是，如果他人來找我幫忙，我也會盡可能答應。

如果所有人都能這麼想，世界一定可以改變。

人生的課題

接下來，我們試著以前面提到的概念為基礎，根據阿德勒提出的事例具體思考人生課題。

我們只要活著，就會遇到無可避免的、不得不解決的課題。這個課題主要與人際關係有關。孩子在父母的保護下，即便自己什麼都不做也能活下去，但孩子不可能永遠依賴父母，他們必須工作。因為如果不工作，就無法取得生活所需的事物。

孩子會交朋友、會進入戀愛關係，戀愛關係也可能發展成婚姻關係。而父母與孩子也必須建立關係。阿德勒稱這些關係為工作、交友與愛的課題，而這些課題合在一起就稱為**「人生的課題」**。

這些課題當中，交友的課題也包含了工作與愛的課題。因為不管是工作的課題還是愛的課題，基本上都屬於人際關係。

在工作方面，通常不可能一個人獨自完成所有工作，因此必須分工合作。分工合作需要他人的幫助，所以缺少人際關係就無法完成。雖然也有獨自進行的工作，但也不可能在整個過程中完全不與他人接觸。

在此有一點必須特別提出來，那就是工作上的人際關係無法長久、也不深入。但另一方面，親子關係或戀愛、婚姻關係比朋友關係持續得更久，也更深厚。因此從交友的持續性與深度的觀點來看，課題難度會隨著工作、交友、愛的順序提高。

事例

接著讓我們來看阿德勒舉出的例子。這個例子的主角是三十歲男性，他「總是到了最後關頭就從人生的課題逃開」。

這位男性老是害怕工作可能失敗，所以夜以繼日學習、過分辛勤地工作，而且也過度緊張。結果，他反而因為過度緊張而解決不了工作的課題。

第二個交友的課題也一樣。他雖然有朋友，但是卻因為強烈不信任朋友而使友情無法順利發展，即使擁有許多點頭之交，卻沒有真正的朋友。他不願意出門，在人群聚集的地方也總是保持沉默。如果問他沉默的理由，他就解釋在人前什麼也想不出來，因此不知道要講什麼。

不僅如此，他因為內向的關係，說話時臉紅。他心想，只要能夠克服自己內向的個性，就能變得很健談吧？不過他原本就無法給人什麼好印象，認識的人都不喜歡他。他自己也感覺得到這件事，因此變得愈來愈討厭說話。

他就像這樣，不管在工作上還是交友上都老是緊張不安。阿德勒說明，這代表他懷著強烈的自卑感，給自己的評價過低，認為其他人與新環境對自己來說都不友善，所以反映出來的行為就像是「生活在敵國當中」。

與自卑感無關

阿德勒的這段說明很清楚，但希望各位注意的是，這位男性「並不是」因為懷著自卑感，認為他者與新環境都不友善，所以才無法解決工作上的課題、友情也無法順利發展。

阿德勒是這麼說的：「他雖然想要前進，但因為害怕失敗，阻擋著他前進。這讓他彷彿站在深淵旁邊一般，總是緊張兮兮。」

嚴格來說，他只是看起來像是想要前進。至於「阻擋著他前進」也只是一般的說法，事實上，決定不要前進的是他自己。

為什麼他不想前進呢？這是因為他害怕失敗。而避免失敗的最好方法（指的是這位男性所認為的最好方法），就是不要接受挑戰。很多人都像這位男性一樣，因為害怕失敗而採取**「猶豫的態度」**，不敢往前進。因為如果不向新課題挑戰，就不會失敗。

他需要這種避開課題的理由。這個理由就是緊張。即使解決不了課題，也可以說是因為緊張所以才會失敗。對他來說，只要不出門，就不需要與他人交流，也不會在人際關係上受挫。但是，只要與其他人接觸，不管什麼形式多少都會讓他緊張，無法隨心所欲溝通，感到侷促不安。

他雖然解釋，自己之所以不願意外出、在人群聚集的地方總是保持沉默，是因為在人前什麼都想不出來，所以不知道該說什麼，但其實不是這樣。實際上，他是因為不想說話，在人前才會什麼都想不出來。

如果有人在人群聚集的地方總是保持沉默，在場的人不會對他懷有好感，因為不知道他在想什麼。這人也因為意識到這件事，所以才愈來愈不說話。他應該把對自己沒有好感的人當成敵人而非同伴吧？就算原因出在他身上也一樣。

經過以上說明可以知道，他並不是因為懷有自卑感，所以才在工作與交友上緊張不安，而是把**自卑感當成逃避工作與交友課題的理由**。同樣地，如果回頭看他說的話也會知道，他並不是因為強烈不信任朋友所以友情才無法順利發展，而是**因為不想讓友情順利發展所以才不信任朋友**。說話會臉紅這點也一樣，這並非內向的關係，而是他把內向當成無法好好說話的藉口。

雖然他心想：「只要能夠克服自己內向的個性，就能變得很健談吧！」但「只要……就能……」這種描述可能性的話誰都會說。

什麼是自卑情結

這個男人也面對了第三個愛的課題。

「他無法下定決心接近異性。他想戀愛，也想結婚。但因為懷著強烈的自卑感，而不敢實際面對這項計畫。」

這就是前面提到阿德勒所謂的「猶豫的態度」。

阿德勒認為，他雖然想要戀愛、也想結婚，卻因為「強烈的自卑感」而無法實踐。這也是一般的說法。實際上，自卑感不是他逃避愛的課題的原因，反而應該說他把強烈的自卑感當成避開愛的課題的理由。

阿德勒在這裡使用的詞彙是「強烈的自卑感」，但他也使用過**「自卑情結」**這個詞。

希望各位注意的是，「自卑感」與「自卑情結」不同。自卑感是「自己好像不如別人的感覺」，另一方面，自卑情結則是「經常在日常生活中使用因為A（或者因為不是A），所以做不到B的論點。」這裡提出的A，會讓自己與他人都覺得，如果是這個理由，那麼做不到B也沒辦法。

譬如精神官能症就經常被用來當成A。我們在第一章已經提過，孩子會用「發燒」、「頭痛」當成不去上學的理由。

阿德勒這麼說：「他的行動與態度可以簡單歸納成『沒錯……但是』這句話。」不敢鼓起勇氣面對課題的人，時常這麼說：「我會試著做做看，但是……」

有些事情確實難以達成，但有些人在著手開始之前，就已經在想如果做不到該怎麼辦，因而裹足不前。當這些人說出「沒錯……但是」這句話時，多半都已經不是在猶豫到底要做還是不做，而是**從一開始就決定不去做了**。做了這個決定之後，要找出多少辦不到的理由都不是問題。

諮商時如果遇到把「沒錯……但是」當成口頭禪的個案，首先要讓他意識到自己會頻繁說出「沒錯……但是」這句話。我也會去數他總共說了幾次。

我們可以從注意自己的用語開始，譬如某個人說：「我今天一次也沒有說『沒錯……但是』。」

只要戒掉說「但是」的壞習慣，人就能改變。

逃避課題的人的過去

要解決前面提到的這三種人生課題確實有其困難，但也不可能什麼都不做就這樣活下去。自己的人生課題也不能請別人代為解決。事實上，前面提到的那位男性，並不是因為人生很困難，所以覺得最好什麼都不要做，而是先決定什麼都不做，才以人生很困難正當化這項決定。

阿德勒說：「就這樣，他成了一個謹慎、猶豫、追求逃避之道的人。」

個性謹慎本身沒有問題，但過度謹慎就會開始害怕失敗。這樣的人與其著手挑戰課題，更傾向於選擇逃離課題。

阿德勒指出，害怕面對課題的人，多半會描述別人比自己更受寵愛的經驗。這位男性是家裡的老大，原本是家中的焦點，但弟弟妹妹出生後，自己就被擠下這個「光榮的寶座」。

即使生長在同樣的家庭中，不同的孩子對於自己所處的狀況也會有不同的看法。老大因為有被擠下寶座的經驗，因此會想辦法挽回這個事態，大部分的情況下，他們會做一些希望父母稱讚的事，如果這個方法逐漸失效，他們就會轉而採取一些讓父母頭痛的行為。

這些行為的目的是獲得父母的關注，即使行為恰當，但想要站在目光焦點的念頭本身就是個問題。跟是不是老大無關，阿德勒認為想要受到關注、想要站在目光焦點的念頭就是問題。

因為覺得自己必須站在目光焦點的人只關心自己。這樣的人，老是在意他人對自己有多關注、會為自己做什麼、到底願不願意滿足自己的需求，如果有人不以特別的方式或他希望的方式關注他、關心他，他就不會把那樣的人當成夥伴，而是視為敵人。

對他人的關心

阿德勒對那位男性的治療方針非常簡單。他只要把現在懷著**對自己的關心，轉變成對他者的關心**就可以了。

阿德勒心理學的關鍵概念「共同體感覺」（Gemeinschaftsgefühl），其英譯（social interest）所代表的意義就是對他人的關心。

此外，用來描述阿德勒所謂的共同體感覺的詞彙中，有Mitmenschlichkerit這個字，Mitmenschen是「夥伴」，這個字代表把人與人（Menschen）連結在一起

（mit）的意思。我們也可以說，**人不會對不被視為夥伴的人懷著共同體感覺**。正因為覺得對方是夥伴，才會關心他，並且想要幫助他、為他奉獻。

如果想要解決人生的課題，就必須發展出對他者的關心。因為這個人生的課題就是人際關係，當人際關係發生某項需要解決的問題時，自己卻什麼也不做，反而覺得別人應該為自己做些什麼，這個課題就無解，最後人生也會因此變得困難。

這裡希望各位注意的是，這位男性「並不是」因為身為老大的他，在成長過程中被其他弟弟妹妹奪走關注焦點的寶座，才無法發展出對他人的關心。他會形成這樣的生活型態，或許因身為老大有關，但不是所有的老大都像他一樣。

阿德勒心理學為了理解生活型態的形成，會回溯到人生最初的記憶。這位男性的早期回憶如下：「某天，母親帶著我與弟弟前往市場。那天突然下起雨來，母親原本抱著我，但突然看了看弟弟後，就把我放下去，把弟弟抱起來。」

他在過去有過這樣的經驗並不重要。因為實際上或許根本沒有發生過這樣的事。

阿德勒說，從這回憶中，可以勾勒出這位男性的生活型態。他總是預設別人比自己更受寵愛。就像母親原本明明抱著自己，但在發現弟弟之後，就把自己放下去，抱起弟弟來一樣。

像他這樣的人，總是留意別人是否比自己更受寵愛、朋友是否比起自己更喜歡別人，因此只要是會破壞友情或愛的事物，無論多麼微小都不會放過。麻煩的是，他們很快就會發現這類證據，所以無論友情還是愛情，都很快就結束了。

最後，像這樣疑心病重的人，會希望自己過著完全孤立的生活，他們不與他人建立關係，也對他人漠不關心。但是很明顯的，人只要不是獨自生活，就無法真正解決這樣的問題。

如同前面多次強調，他不是因為這裡提到的那些經驗才不再關心他人。而是現在的他因為不關心他人，才從過去的回憶中找出那些與自己的生活型態一致的經驗，以正當化自己的行為。

然而，他沒有發現這點，所以試圖把過去母親愛弟弟勝過自己的經驗當成理由，逃避現在面臨交友與愛的課題。不僅如此，他現在也把他人比自己更受寵愛當成理由，企圖藉此從課題逃離。但是這樣的因果關係並不正確。更詳細一點的說明容後再述。

被溺愛的孩子

這位男性雖然被擠下寶座，但是也有一些孩子在成長過程中一直都是王子、公主，穩穩地坐在寶座上。他們是被溺愛的孩子。常有人說，今日社會中，缺乏關愛是孩子做出問題行為的原因，但實際上，這遠遠比不上父母過度關愛、孩子渴望關愛所帶來的問題。

雖然剛出生不久的孩子如果沒有父母的全面幫助無法生活，但孩子不論有沒有被擠下寶座，總有一天都必須自立，父母也必須協助孩子自立。

然而，過度關愛孩子的父母，就連孩子自己可以做的事情也不允許他們做，妨礙他們自立。這些父母也不教導孩子援助他人、協助他人，反而不讓他們做這些事、溺愛著他們。就連孩子必須自己做的事情，這些父母也會為孩子去做，代替孩子行動、思考、發言。在這種環境下成長的孩子，就會發展出被溺愛的孩子特有的生活型態。

另一方面，即使父母沒有過度關愛，也企圖協助孩子自立，生長在這種家庭中的孩子，還是有可能像前面提到的男性那樣，當父母被後來出生的弟妹搶走後，依然執著於父母的寵愛，因此即使長大成人，也還會保有這種特有的生活型態。

這樣的人，拒絕以自己的力量解決人生的課題。他們覺得由某些人來解決自己的課題是理所當然的事。

被溺愛的孩子即使長大成人，還是會把自己當成世界的中心。因此就會將阻擋自己成為目光焦點的人視為「敵人」。

這麼一來，他們就不想要與他人建立關係，企圖遠離人際關係這個人生的課題。如果把他人當成敵人，自己就不會對他人產生用處，但如同前面提到的，如果沒有透過這種方式得到貢獻感，就無法喜歡上自己。因為人只有在幫助別人、覺得自己有用的時候，才會喜歡自己。

偽裝的因果論

從人生的課題逃離需要理由。前面已經提過以精神官能症作為理由的例子，除此之外，也可能訴諸被捲入某件重大災害或事件、事故等所造成的心靈創傷。的確，這些事件不可能不對人的心理造成重大影響，但也不必然會讓心靈背負著傷害。

一直以來都用正面態度解決人生課題的人，即使遇到災害或事件，也能很快從打擊中重新站起來；但一直逃避人生課題的人，會把創傷當成無法好好處理課題的理由。

我在電視上看到有個人說，她與老公的關係不好，是因為年幼時曾經遭受父親虐待的關係。雖然不能否認她與父親的關係對於日後的人生完全沒有影響，但他們還是可以努力改善夫妻關係，這應該與過去的經驗無關。我覺得把夫妻關係不好的原因歸咎於過去太不合理了。

阿德勒使用**「偽裝的因果論」**這個詞彙來說明這樣的事情。[1]「偽裝的因果論」說明，現在發生的事情或狀態，是由某個被視為原因的事件造成的。之所以會說是「偽裝」，因為這兩件事實際上並沒有因果關係，卻把它們當成因果關係。事實上，無論以前有過什麼樣的經驗，兩人結婚之後，都能在與過去無關的狀態下培養關係。

阿德勒否定了「現在自己的樣貌是由過去某個經驗決定」的決定論。阿德勒這麼說：

「不管什麼經驗，其本身都不會是成功的原因，也不會是失敗的原因。我們並非為自己經歷的衝擊——也就是創傷——所苦，而是從經歷當中找出符合目的的創傷。成功或失敗並非由自己的經驗決定，而是由我們賦予經驗的意義自然決定。」[2]

即使是不贊成阿德勒關於創傷的論點的人，也沒有人會認同殺人者之所以殺人，是因為他的個性容易失去理智或家裡貧窮這樣的原因吧？

企圖逃避人生課題的人，也經常使用「偽裝的因果論」。人生的每個課題都同樣重要，但有些工作狂把所有的熱情都投注在工作上而不顧家庭，這樣的人之所以不得不把工作課題視為第一優先，是因為他想把工作當成不處理其他課題的理由。有些人把工作忙碌當成婚姻失敗的藉口，他們說，因為工作太忙了，所以在家裡也無法放鬆。

把戀愛當成全部的人，也同樣把戀愛當成不處理其他人生課題的藉口。他們無論睡著還是醒著，都想著自己所愛的人、沉浸在被愛的喜悅中（似乎比較少人描述「愛人」的喜悅），甚至連吃飯都忘了。我雖然一點也無意冒犯愛情這種令人陶醉的神聖性，但即使處在這樣的狀態中，日常生活還是要繼續過下去。

沉浸在愛情當中的人，明明還有許多人際關係的課題，但卻認定只要與所愛的人無關就沒意義。如果因為這樣而忽視其他人，在回過神來的時候，很可能發現自己周圍變得一個人也沒有了。

該怎麼辦才好呢？

如同前述，這名男子為了逃避交友與愛的課題，而將自己孤立起來，無論過去還是現在，他都把別人比自己更受寵愛當成理由，透過這樣的觀點，責備把對自己的關心轉移到他人身上的人。借用阿德勒的話來說，就是「彷彿站在廣大的深淵旁或住在敵國一般，總像是暴露在危險當中而過度緊張。」

這樣的人該怎麼辦才好呢？阿德勒認為，他必須**減輕自卑感**。擁有自卑感的人，自己實際上並沒有不如人，只是懷有一種自己比別人差的感覺而已，因此儘管本人非常在意，周圍的人有時候還是不能理解他為什麼這麼痛苦。

如果對自己有自信，即使對自己有好感的人愛著其他人，或是他人比自己更受寵愛，也不會覺得這是造成威脅的重大事件吧？

如果想讓他人懷有好感、想要被愛，只要努力讓他人產生這種感覺就可以了。自己什麼也不做，卻希望他人對自己懷有好感是強人所難。一邊抱著這種想法，一邊譴責對自己沒有好感的人，是因為從一開始就不打算進入人際關係中，如果因為這樣就抱怨自己的不幸，那就太奇怪了。

因此，阿德勒說，這名男性只要擔任派對的主人，努力讓朋友度過愉快的時光，狀況應該就能大幅改善。阿德勒的目的是，讓這名男性透過這樣的方式獲得貢獻感。因為這名男性無法享受普通的人際關係，他抱怨沒有人願意取悅自己。一般來說，只想著要別人為自己付出，是很難獲得幸福感。

戀愛與結婚

到此為止，我們已經看過「總是到了最後關頭就從人生的課題逃開」的男性個案。接下來，讓我們試著思考，人生課題當中最困難的「愛的課題」。

某位年輕男士與美麗的女士一起在舞會上跳舞。女士是男士的未婚妻。兩人跳得興起時，男士的眼鏡掉到地上，這時他為了撿起眼鏡，而差點將女士推倒。友人驚訝地問：

「發生什麼事了？」

「因為我不想讓她踩壞眼鏡。」

女士因此放棄與這名男士結婚。[3]

德國心理學家埃里希・佛洛姆說，如果以為只要有對象就算獲得愛情，那就錯了。

很多人都認為愛很簡單，但是要找到適合付出愛的對象卻很難，因此才會覺得只要有對象，幾乎就可算是獲得愛情了。但是，就像佛洛姆所說的，**愛是一種能力**。

結婚是起點，不是終點。

許多小說、電影、電視劇都以男女結婚的場面做為結局，但結婚不僅不是圓滿結局，甚至還可能是不幸的開端。戀愛也一樣，就算幸運地找到對象，結婚之後才是困難所在。因為如果戀愛是慶典，婚姻就是生活。

結婚和不用直接考慮生活問題的交往不同，當兩人開始共同生活之後，遇到的就不全然是快樂的事情。當被溺愛的孩子終於長大成人、邁入婚姻後，就會開始想要對彼此撒嬌。

這樣的事情或許在交往或剛結婚不久時，不會成為太大的問題。甚至有些人反而更喜歡被依賴。

但婚姻不是慶典而是生活，如果兩人當中的一人，有時甚至是兩人都想在婚姻中撒嬌時，這件事情很快就會成為問題。因為兩人都不打算付出，只期待對方付出。

經濟穩定與社會地位之類的事情，被視為婚姻的重要條件，但是與阿德勒所說的生活型態相比，這些都是枝微末節的問題。

一個人如果在戀愛與婚姻當中發生了什麼問題，這些問題基本上會與他在人際關係中發生的問題相同。如果這個人一直以來都只關心自己的事情，對其他人漠不關心，那麼他在戀愛、婚姻上也會遭遇瓶頸。

關心他人可以在把他人當成同伴、為他人貢獻這層意義上，讓自己和他人逐漸培養出共同體感覺。如果一直以來都採取自我中心的生活型態，那麼在進入與某人的戀愛關係時，生活型態也很難在一夜之間改變。

認為自己站在世界的中心，不為他人付出、只期待接受他人給予的人，在面對戀愛與結婚時也和面對所有的人際關係一樣，可說是沒有做好準備。甚至可以說，即使沒有實際上與這樣的人一起生活，也能知道他的愛情與婚姻會不會順利。

被溺愛的孩子即使長大了，也只會關心他人為自己做了什麼。

如果有人願意滿足他們的期望還算好，但是當他們發現，其他人不是為了滿足自己的期望而活這個鐵一般的真相時，就會無法接受這樣的事實，甚至有的人還會去攻擊不願意照著自己期望行動的人。當一個人變得有攻擊性時，遭受攻擊的人或許就會離他遠去，這麼一來，這個人對他人的不信任感也會變得愈來愈強烈。

這個世界上有兩件無法強迫別人的事情，那就是「尊敬」與「愛」。我們無法強迫別人「要愛我」、「要尊敬我」，我想這是很明顯的事情，但依然有人以為他可以辦得到。然而，如果自己不做任何努力，就不可能得到尊敬，也不可能獲得愛。

有些人會讓周圍的人覺得不能放著他不管，因而對他伸出手來。或許有人認為這樣的人並沒有強迫別人。的確，從「讓」周圍的人覺得必須對他伸出援手這個層面來看，這樣的人並不會因為周圍的人不照著自己的意思做，或不遵循自己的期望就變得具有攻擊性。但有這種想法的人，並沒有發現自己因為巧妙誘惑而掉進陷阱裡。事實上，經常就連本人都沒有發現，自己身處在這樣的計謀當中。

在這樣的關係中，兩人並不對等。阿德勒說：「愛與婚姻的問題，只有在完全平等的基礎上才能圓滿解決。」[4]

對等的關係

阿德勒認為，各種關係都必須對等。如果我說大人與孩子是對等的，有些人或許會嚇一跳。但我的意思不是指大人與孩子相同。從知識、經驗、背負的責任大小來看，大人與孩子也不可能相同。但我認為，**大人與孩子雖然不同，卻是對等的**。

這點在男女關係上也適用。我想現在這個社會，會公然說出「男女並不對等」這種話的人已經不多了，但即使如此，應該還是有很多男人在意識上覺得自己地位較高。

有些男性誇下海口說：「我每周都帶老婆出去玩。」或「我讓老婆衣食無虞。」他們這麼想所以也這麼說。由此可知這些男性沒有發現他們把女性的地位看得比自己低。

經濟上處於劣勢的人，絕不代表地位比較低。家事和外面的工作同樣重要。很多人白天因為外出工作的關係，直到晚上回家之前都無法處理家務與照顧孩子，但是還是可以請外出工作的家人一起分擔家務，我們應該這麼想：「白天雖然無法處理家務，但現在回到家就能處理了。」

阿德勒說：「如果男性或女性任何一方，在結婚之後想要征服對方，就會造成致命的結果。」[5]

我想這個說法不只適用於結婚後。或許有些人在結婚之前不希望被對方討厭，因此覺得自己應該表現得乖巧。但是，婚姻不是慶典而是生活，結婚之後，不可能總是讓對方看見自己好的一面。

我也覺得阿德勒採用「男性或女性任何一方」的說法很有趣，因為由女性扮演征服者的夫妻也不在少數。總而言之，阿德勒認為，因為期待征服對方而結婚，並不是走入婚姻的正確準備。

此外，也必須小心男性要守護女性，或是要帶給女性幸福之類的觀念。結婚是**兩人同心協力一起為幸福而打拚**，如果一對夫妻覺得兩人關係對等，就絕對不會產生要由某一方帶給另一方幸福的想法。

那麼，怎麼做才是邁向婚姻的正確準備呢？這個準備在處於戀愛關係時就已經開始了。阿德勒稱這個準備是**共同體感覺的訓練**。我們已經看過這個訓練的意義之一，那就是**關心他人**。前面提到的那個為了撿起眼鏡，而差點把未婚妻推倒的男性，顯然就是只關心自己。

所謂的共感

這個訓練的另一個意義就是**提高共感能力**。阿德勒說明，這是對自己與他者一視同仁的能力。阿德勒說，幾乎沒有人做好進入家庭生活的適當準備，因為大家在此之前都沒有學著「透過他人的眼睛去看、透過他人的耳朵去聽、透過他人的心去感覺」。

大家都能理解這段文字，但實際上這並不是容易的事。因為事實上，我們只能透過自己的眼睛來看。但是，只要不脫離「如果是我」（會怎麼看、會怎麼做）這樣的想法，就永遠無法理解他人是如何感受、是怎麼想的。

只用自己的標準去衡量他人，就不會發現他人與自己的差異，因而誤解對方，損及兩人的關係。我們不會因為與對方關係親密，或是愛著對方就能理解對方。話說回來，無法理解對方不是問題，因為確實也有無法理解的事情。

問題在於**一點也沒有想過自己或許不了解對方**。因為不曾想過他人與自己的見解不同，所以也沒有試圖努力理解對方。

我們為了理解對方，必須開始脫離「如果是我」這樣的想法，設身處地將對方與自己一視同仁、與對方共感。所謂的理解，就是把對方與自己視為相同的存在。

阿德勒以下列這些具體例子說明。我們前往劇場觀劇時，會對演員扮演的角色產生共感、讀書時會對主角產生共感。看到走鋼索的表演者在鋼索上晃動時，會覺得自己好像也快要掉下去一樣；看到在許多聽眾面前說話的人，說到一半突然說不下去時，會覺得自己好像也遭遇了尷尬的處境。[6]

選擇伴侶

阿德勒說，每個人從孩提時代開始，都會在心目中創造出理想的異性。[7]如果是男性，母親會成為他的理想，因此他們經常會找與母親類型相似的女性結婚。

如果他們在孩提時代與母親之間不幸關係緊張，就會想要尋找與母親類型相反的女性。在控制欲強的母親身邊壓抑成長的男性，會持續對女性懷著恐懼，不要說是戀愛結婚了，有些人甚至會完全避免與女性接觸。因此對於在這種環境下成長的男性來說，柔弱順從、類型與母親完全相反的女性會成為他們的理想。這樣的男性會將咆哮、嘮叨的母親視為無能力的教育者，並且企圖逃離父母的壓力。[8]

但是，以責罵方式養育孩子的父母，在遇到孩子必須負起責任的情況時，卻可能會介入孩子的課題、溺愛他們。阿德勒指出，在母親溺愛下成長的孩子，可能會發展出所謂的戀母情結。[9] 因此最好讓孩子擺脫父母的壓力。

此外，在母親的影響下覺得自己無能卑微（也就是抱著「自卑感」）的男性，或許會因為希望獲得女性的支持，而把具有母性的女性當成理想對象也不一定。或者在戀愛中也可能朝著相反方向發展，變得具攻擊性、有控制欲。這時，像這樣具攻擊性、有控制欲的男性，會選擇和自己一樣具有攻擊性女性。因為他們認為，在激烈鬥爭中獲勝成為支配者才了不起。

他們在選擇伴侶時，也可能選擇生病、或是比自己年長許多的人，甚至可能選擇已婚者。

當然，愛可以有各種不同的形式，阿德勒的意思也不是要我們最好不要選擇這樣的對象。

不過，一個人如果選擇「在某種意義下難以結婚的對象」，代表他活在可能性當中，雖然看起來有強烈的結婚意願，其實卻**害怕結婚變為現實**。這就像是談遠距離戀愛的人，會把分隔兩地當成關係觸礁的理由一樣。如果改變工作地點，可以陪在彼此身邊的話，遠距離就不再成為兩人關係不好的藉口了。

我無意批評前面提到的這些人談的戀愛不真誠，但我想各位可以理解阿德勒想要表達的意思。

女性在選擇伴侶時，當然也會受到來自父母的影響。前面提到，有些男性因為母親的影響而抱持著自卑感，女性也可能會有自卑感，而且阿德勒也指出，這個社會一般認為男性地位較高，因此女性的自卑感可能會過度補償。

無論男性還是女性，父母是什麼樣的人都只會在選擇伴侶時帶來影響，不會成為決定性因素。大部分的情況下，提到父母的影響都是為了在婚姻生活觸礁時，將失敗的原因歸咎給父母。

男女是對等的

如果閱讀阿德勒在一九三〇年代寫的書，會發現裡面有「（男女）分工，負起自己的責任很重要」這樣一段話，他似乎認為女性最好負責家務。[10] 當然，男主外女主內這種刻板的分工，在現今的時代已經不被接受，男女各自負責自己擅長的工作就可以了。不過，男女的情況也像前面提到的大人與孩子一樣，雖然不同，卻是對等的。阿德勒這麼說：「人類因為有男女之分，所以才會開始分工。」[11]

阿德勒也說，這個分工必須遵循「完全沒有偏見的基準」（這個基準應當依社會或時代而改變）。

在這層意義上，阿德勒雖然主張男女是對等的，但他也指出，女性當中有些人拒絕背負女性的責任（必須好好斟酌這個責任是什麼）、與男性較勁，懷著某種自我放棄活下去。

此外，也有人認為「身為女性的自己低人一等，只有男性能力好，可以從事了不起的工作。」

這樣的人，即使遇到自己有辦法處理的工作，也會把只有男性才能勝任當藉口，總是把工作推給男性。

阿德勒指出，還有女性從事「會連結到單身主義的工作」，藉著這樣的型式退出人生，以這種極端的方式展現對女性任務的不滿。

對阿德勒來說，結婚是重要的人生課題，所以他會覺得女性把工作當成藉口不結婚，就是退出人生，但現今已經無法接受這樣的觀念了吧？不過各位可以注意到，阿德勒**把結婚當成是比工作或交友更困難的課題**。

在分工方面如同先前所提，其基準不可有偏見。男女同心協力過生活，絕對是讓婚姻生活順利持續下去的重要條件。

今天，男女共同外出工作已經不稀奇了，也有一些案例是如果兩人不同時工作就難以生活。很遺憾的，即便男女同樣都在工作，男性不協助家務或育兒的狀況還是時有所聞。

邁向結婚的準備

阿德勒在報告中指出，德國人為了知道情侶是否做好結婚的準備，會進行下列儀式。[12]

他們會交給情侶一把兩邊各有一個握柄的鋸子，一人握著一邊，在四周圍繞的所有親戚見證中一起鋸樹樁。兩人如果不信任對方，只會相互拉鋸而已，另一方面，如果由一人掌握主導權，另一人隨便亂動，會花上比兩人齊心協力還要多一倍的時間。因此兩人都必須關心對方，配合對方的動作才行。這是觀察兩人是否適合結婚的測試。

當然，不需要這種特別的測試，也看得出來情侶沒有做好結婚的準備。

譬如，在前面引述的故事中，從男性在眼鏡掉落時採取的態度就可以看得出來他還沒有準備好要結婚。而阿德勒也說：「約會遲到時，連一個隨便的藉口也不願意給的戀人不可信。」[13]因為這代表他在面對其他人生課題時，也同樣採取「猶豫的態度」。

所謂猶豫的態度，舉例來說，有些人雖然一直尋找理想的結婚對象，卻總是遇不到理想的人。的確，他們身邊或許真的沒有理想的人（先把什麼是理想放在一邊），但阿德勒應該會說，這是因為他們在面對愛與婚姻的課題時猶豫了。

也有人害怕結婚是因為結婚會生下孩子。甚至還有人為了逃避生子，而從一開始就下定決心不結婚。對於結婚之後還想繼續扮演被溺愛的孩子的人來說，生下來的孩子將會取代自己成為目光的焦點，原本注視著自己的目光將會消失。他們把孩子視為對手，因此無法為孩子的誕生感到喜悅。

有人害怕生產會讓自己變得很土，也有人覺得生產、育兒很辛苦，而且也懷著「只有女人吃虧」的自卑感。

這些都是與伴侶合作就能解決的問題，並非只有女人必須承擔養兒育女的辛勞。我們可以推測，覺得「只有女人吃虧」的人，並非因為可以想見的困難而害怕結婚，而是原本就想逃避結婚才找出這些理由當藉口。

另一方面，也有人覺得生下來的孩子就像寵物。他們之所以會生孩子，只是為了取悅自己罷了。像這樣想法自我中心的人，也可說是沒有做好結婚的準備。

此外，沒有朋友、無法好好與朋友交往的人、遲遲無法選定工作的人也沒有準備好要結婚。

阿德勒的意思並不是指經濟穩定才是做好結婚的準備，而是即使經濟不穩定，**兩人一起努力**的態度也很重要。我是這麼想的，如果抱著「要是中彩券就好了」這種只是等待幸運降臨的想法，應該也稱不上是準備好要結婚吧？

由此可知，婚姻的課題並沒有獨立於其他課題。

阿德勒說，如果情侶當中的其中一人，總是想要教育對方、總是在批判對方，也是沒有做好結婚準備的證明。

無論什麼樣的關係都需要對等，如果其中一方總是想要教育對方，就不是阿德勒樂見的關係。

結婚是**兩人的課題**。我們雖然接受過獨自完成課題，或是多人一起完成工作的教育，卻沒有接受過有關兩人課題的教育。

當然，兩人並非一開始就懂得如何合作。只有在反覆的失敗當中了解彼此的生活型態、確實懷著彼此對等的意識、努力處理婚姻生活當中遭遇到的問題，才有可能適切解決結婚這個課題。

這裡寫的雖然是了解彼此的生活型態，但如同前面提過的，只要能夠與對方共感，即使生活型態不同也不會成為太大的問題。有的時候，生活型態不同反而會讓婚姻更順利。

如果對方的感受或是思考方式與自己完全不同，的確會讓人感到驚訝、困惑，但我們也能藉由了解與自己不同的思考、感受方式，學習在獨自一人的情況下不會知道的見解。換句話說，人生的樂趣與喜悅也會加倍。

不要干涉別人的課題

不用說，要不要結婚都是兩人決定的事，雖然我們周圍常會有反對結婚的人。

只要思索，**這件事情的後果最後會降臨到誰身上，或者最後的責任必須由誰承**

擔，就會知道這是誰的課題。

舉例來說，讀書是自己的課題，不是其他人的。同樣的，結婚也是兩位當事人的課題，不管其他有誰反對，都只有兩位當事人能夠承擔自己結婚的責任。

即使父母反對也沒有理由聽從。我不覺得反對結婚的父母能夠為孩子的人生負起責任。即使孩子婚後的生活不順遂，也只要結婚的兩人自己想辦法就可以了，這不是父母應該思考的問題。

父母在結婚前的干涉，雖然可能為兩人帶來幸福，但是如果兩人因此放棄結婚，父母的責任就變得相當沉重。

有些孩子儘管不顧父母反對而結婚，但即使婚後兩人關係如父母所料出問題，不想輸給父母的孩子，或許還是會持續過著不幸的婚姻生活。

這裡雖然以婚姻問題作為例子，但一般來說，如果想要活得幸福，就**不要忘了千萬不要干涉別人的課題。**

人際關係的糾紛，說起來都是在一腳踩進別人的課題裡，或是在別人侵犯自己的課題時發生。

所以，如果別人沒有前來尋求你的幫忙，最好什麼都不要做。如果無論如何都想對別人的課題提供幫助、協助，可以這樣問對方「有什麼我可以做的事嗎？」如果對方沒有提出任何要求，大部分的情況下靜觀其變才是聰明的做法。

克服自卑感

接下來讓我們深入思考「工作的課題」。

我們如果不工作就無法活下去。不只是個人，這情況適用於全人類。為了讓人類這個種族延續下去，所有人都必須工作，對此做出貢獻。如果什麼也不做，就能獲得所有必需的事物，那麼懶惰就會成為美德，勤勉則會變成罪過了。這個世界需要我們的勞動、合作與貢獻。阿德勒說：

「某個人在做鞋子的時候，會讓自己成為對他人有用的存在，並且獲得對公眾產生用處的感覺。人只有在感受到這點時，才能緩和自卑感。」14

家事也可說是工作的課題，而且是需要非常高度專業性的工作。如果能夠藉此感受到對家人的貢獻，即使沒有獲得感謝也無所謂。

即便覺得這個工作只有我能做，然而實際上每項工作都一定有人能夠取代。從這角度看，工作時就不用特別緊繃，但另一方面，無論從事什麼工作，都要懷著自己所做的事情無人能夠取代的驕傲感。因此，如同前面提到的，必須覺得自己透過這項工作對他人產生用處。

我經常對學護理的學生這麼說，對護理人員而言，在醫院接觸到的病患或許只是眾多病患中的一人，但是對病患而言，在住院這個非日常的經驗當中接觸到的護理人員，卻可能改變自己的一生。只要懷著這樣的驕傲感處理工作，工作就不再只是辛苦的事情了。

相信，所以做得到

就算懷著驕傲感處理工作，還是會有實際上做不到、非常難達成的事情。即便如此，大部分的情況下也不會從一開始，或是在剛著手不久後，就覺得自己辦不到，並且很快就放棄。

阿德勒引用了羅馬詩人維吉爾「相信，所以做得到」這句話，[15] 當然，這不是什麼精神主義，阿德勒是在說明對自己評價過低的危險性。如果給自己過低的評價，就會認定「自己已經追不上」，而這個評價也會成為伴隨自己一生的刻板印象，讓自己只能停在原地，永遠無法進步。然而事實上，「追不上」並不是真的，多數情況下，**只要揚棄做不到的刻板印象就能追上了**。

阿德勒在諮商時，這樣面對一名堅信自己什麼都做不到的十一歲少年羅伯特。[16]

阿德勒：「你學過游泳嗎？」

羅伯特：「嗯。」

阿德勒：「你還記得剛學游泳時的辛苦吧？我想，你一定花了很多時間才學會游得像現在這樣好。不管做什麼事情，剛開始都是辛苦的，但是過了一段時間之後，就能做得好了。然而在過程中必須專注、忍耐，不能什麼事情都老是期待媽媽會幫你做好。我確信你辦得到。不需因為別人做得比你好就擔心。」

在此，阿德勒說：「不能什麼事情都老是期待媽媽會幫你做好。」他想表達的是自己的課題基本上只能自己解決。當然，如同先前提過的，有些情況下也必須向他人求助。

不要競爭

阿德勒也說：「不能因為別人做得比你好就擔心。」現在的社會認為與他人比較、競爭是家常便飯，但阿德勒不覺得競爭是理所當然的事。因為在競爭中，很難把他人看成同伴，所以也難以幫助他人、為他人貢獻。

有些人行動的目的是為了誇耀自己比他人優秀，或企圖透過競爭獲得他人的認可，這些人只關心自己，不關心別人，與只想著如何貢獻他人的人不同。此外，從整個社會來看，雖然有人在競爭中獲勝，但也有人失敗，所以整個社會的勝敗在正負相抵之下就變成零。

無論在哪種人際關係當中，輸掉競爭都會破壞人的精神平衡，損及精神健康。不能忽略的是，贏得競爭的人精神就會安定嗎？卻也並非如此。因為他們如果不勝過敵人，而且是一直保持勝利，就無法安心。

對這樣的人來說，其他人是敵人，這個世界是危險的世界。真正優秀的人不需要證明自己很優秀，只有**覺得自己或許其實沒有那麼優秀的人**，才會覺得必須證明自己。但是，不管什麼樣的事情，在證明的時候都會做得過頭。

基本上阿德勒認為，所謂把他人踢下去，只讓自己獲得幸福是不可能的。只要自己好就好的想法，或是為了向他人誇耀自己的優秀，只重視最後呈現的結果等觀念都會促成問題。

我覺得似乎有很多人關心的不是面對困難、突破難關的能力，而是眼前所見的成功。但是，阿德勒也這麼說：「幾乎所有未經努力就得來的成功，都很容易毀滅。」[17]

還有另一個相關的問題，那就是有些人會覺得只要有錢，什麼事都可以做。如果公開這麼說或許會遭到反彈，即使如此，我還是覺得很多人似乎都認為只要有錢就能獲得幸福。

然而另一方面，我也聽過因為某種好運而突然變得富有的人，反而自甘墮落，日後所過的生活也稱不上幸福。即使金錢本身不是問題，但如果只是有錢，卻不懂得該如何使用，人也不會因此而變得幸福的。

內村鑑三在《留給後世的最大遺產》中舉出美國金融業者傑・古爾德做為例子。之後也會提到，內村打算在自己離開這個世界時，留給後世的遺產候補清單第一項，寫的就是金錢。內村不輕視金錢，這點在當時的日本基督教傳教士當中相當獨特，但他的意思也不是用什麼方式賺錢都可以。內村說，古爾德害四位摯友自殺、讓許多公司倒閉才存了兩千萬美金，但他沒有把這些錢用在慈善事業上，死後只分給自己的孩子。

用阿德勒的話來說，古爾德的問題就在於只把錢用在追求個人優越感的野心上。

喜歡的事情不需要努力

常有人說，回頭看年輕時候的自己並不太用功，但我覺得不能被這樣的話給騙了。我曾經教過一名立志成為鋼琴家的高中生英文，她從三歲左右開始彈琴。當時我試著問她：

「妳至今從來沒有想過要放棄彈琴嗎？」

「一次也沒有。」

「那覺得練琴很辛苦呢？」

「（斬釘截鐵地說）一次也沒有。」

她應該是在未曾受到強迫、能夠愉快彈琴的環境中，決定走上鋼琴家這條路的吧？如果是自己喜歡的事情，努力也不會成為痛苦。老師或家長似乎以為讀書也好、學音樂也好，都是某種痛苦的事情，必須咬緊牙關，他們好像忘記學習本身應該是快樂的。

讀書也一樣，有些人或許因為在學生時期不斷地接受考試，而感受不到讀書的樂趣，但我覺得，學習不知道的事情即便確實需要努力，但原本也應該是快樂的。

但是，有些人卻不覺得讀書或學習音樂很快樂，只要課程變得困難，就會覺得自己做不到。這麼一來，他們就會感受到自己能力的極限，但這個極限其實並非來自外部，而是自己畫給自己的。

儘管工作或學習對這位鋼琴家來說、對讀書的學生來說，或者對每天辛勤上班的人來說，各有不同的意義，但只要把貢獻他人當成目標就能努力下去。如果只關心自己與他人的競爭，工作與讀書就會變成一旦感到辛苦，放棄也無所謂的事情。

工作的英文與德文分別是calling、beruf，意思是來自上帝的呼喚、召喚。先不論召喚你的人是不是上帝，但與其把工作當做是來自外部的強迫，或是與他人的競爭，更應該想成是**誰也無法阻止、來自內部的驅使**。

德語詩人里爾克問青年詩人：「請在你深夜最寂靜的時刻問自己：我是否一定要寫？」[18]他說，如果面對這個問題時，能夠回答：「我一定要寫！」那麼就遵循著這個必然性去建立生活吧！對里爾克而言，為了追求名利而寫詩，是不可思議的事。

不要害怕失敗

只考慮自己是否能夠透過被賦予的課題帶給他者貢獻的人，不會害怕失敗。因為他們不會在意「如果失敗的話別人會怎麼看我」。

害怕失敗的人不實際做出結果，只活在「要做我也會做」這種可能性當中。只關心自己的人，才會因為害怕批評、逃避批評，而不做出成果。如果是關心他人的人，只要一拿到課題，就會從能做的事情一點一點做起。

阿德勒稱這樣的行為是**「不完美的勇氣」**、**「失敗的勇氣」**。他的意思不是指失敗也無所謂，而是與其因為害怕失敗而不敢處理課題，不如或多或少著手開始解決課題更重要。

我們在看先前那位男性的事例時也提過，害怕失敗的人在面對課題時會採取猶豫的態度。他們會說「沒錯……但是」，先表明自己有面對課題的意願，再透過「但是」找出無法解決課題的藉口。如果只說「沒錯」就開始處理課題，或許就能完成原本以為辦不到的事情，或者是在討論是否有能力完成課題之前，就發現加諸在自己身上的限制。

這裡所謂的失敗指的不只是工作上的課題，其他人際關係的課題也適用。遺憾的是，人生當中常會因為失敗而感到挫折，但人生幾乎可說是只能從失敗中學習。交友關係也好、戀愛關係也好，都有可能因為自己的想法無法傳達給對方而遭到誤會、有時甚至會引起紛爭，但這些經驗可以成為成長的糧食。

這種情況下，他人的出現就像阻擋在自己面前，但只有知道這個世界上存在著不隨自己想法起舞的人，才能培養出前面提過的共感能力。而我認為，這將會成為幫助人們從自我中心的世界觀中脫離出來的重要能力。

離開權力鬥爭

如果不競爭，也代表必須離開權力鬥爭。當然，一個巴掌拍不響，如果因為對手的言行而認真生氣起來，就代表落入對方權力鬥爭的挑釁。

即使沒有產生憤怒的情感，在強烈意識到自己是正確的時候，也會陷入權力鬥爭當中。與他人建立良好的關係才是重要的，即使最後證明自己沒有錯，若因此而結束與他人之間的關係也沒有意義。

此外，在這個權力鬥爭中，焦點已經從問題的對錯，轉移到面子的問題。明明即使在討論當中發現一開始的主張是錯的，也只要承認就好了，但有些人會覺得承認錯誤就代表自己輸了。

這麼一來，這些人就會變得只重視自己不想輸的想法，最後在知道自己錯誤的情況下，或許也會因為不願意讓步而做出不利的決斷。

有些人把解決問題視為最高指導原則，但另一方面，比起解決問題，也有人更重視圍繞著問題的人際關係。對這樣的人來說，他們其實沒有那麼在意問題解決與否，反而拘泥於解決問題的步驟。

舉例來說，有人會因為事情在自己不知情的狀況下進行，事後才強迫自己接受而感到不愉快。對這樣的人來說，即使事情合理解決了，也會因為自己不受尊重而生氣。

這樣的人有兩種類型，一種是即使知道自己的想法對自己不利，也會因為不想輸而堅持下去；另一種則是即使自己的想法在解決問題上其實不可退讓，也會因為害怕損及與對方之間的關係而不敢主張。

經常有人和這種比起問題本身、更重視人際關係的人發生糾紛，並且因此煩惱得不知如何是好而前來諮商。

遇到這種情況，可以協助前來諮商的人把重點擺在解決問題而非人際關係上。譬如和誰結婚這種事情。這是本人的課題，不是父母的課題。不管父母怎麼說，基本上本人只要自行判斷、自己決定該怎麼做就可以了。

另一方面，如果在與父母的討論中，發現自己的想法錯了，也不要覺得輸給父母，只要承認錯誤就可以了。如果無法這麼做，就像重視人際關係的人一樣，在意的並非問題是否解決，而是有關問題解決的人際關係。因為你覺得承認自己的錯誤就代表輸了。

再者，如果無法離開權力鬥爭，執著於正確性，並且因此勝過對方，那麼對方就會開始報復。當他進入報復階段後，我們與其說是生氣，還不如說是因不知道對方為什麼要這麼做，而產生厭煩的感覺。

有位老師在長達七年半的時間裡，每晚都接到無聲電話。某天，他腦中突然浮現出某位學生的臉。他猜想，每晚打電話來的人或許就是這位學生。電話就像平常一樣打來了，拿起話筒之後，電話那頭也像平常一樣保持沉默。這位老師豁出去問：「○○同學？」

電話那頭回話了：「是的。」

當雙方演變成互相報復的關係時，通常只有年輕人單方面吃虧，他們這樣的處境讓我心痛。

話說回來，這位老師也太遲鈍了吧？學生也是，如果有能力連續打七年半的無聲電話，應該也能找到其他適當的解決方法吧？我忍不住覺得他只是沒去想而已。

提出主張

那麼應該怎麼辦才好呢？如果不報復的話，就只能**清楚地用言語**主張你希望和不希望對方做的事。具體的方法就像前面提到的，不要採用命令的口吻，而是拜託對方。當然，人與人是對等的，對方有拒絕的權利。如果遇到這種情況，就只能退讓。

但我們在大部分的情況下，都沒有用適當的方式拜託別人。我們在拜託別人時，或許會粗聲粗氣、以權威方式說話。即使沒有這麼做，也可能以「居高臨下」的語氣說明正確的事情，這麼做就算對方知道你是對的也不想承認。因為他會覺得承認就是輸了。

注意不要發生前述那些情況，接著以言語清楚提出主張，如果被拒絕了，也不需要變得情緒化。我們不是因為自己心中憤怒的情緒被激起來，才變得大聲說話，反而應該是想讓對方先認可自己的想法、希望對方照著自己想法行動的目的，才為了達成這個目的而創造憤怒的情感作為手段。的確，這麼做或許會讓對手因為害怕而聽我們的話，但他在依循時絕對不是愉快的。

透過憤怒成功驅使別人的人，從來沒有想過這麼做會讓自己與對方的關係惡化，也無法停止把憤怒用在溝通上。即使不成功，不知道其他主張方式的人，還是會持續抱著「再稍微生氣一點，對方就會反省，進而聽自己說話」的希望。

但是，即使生氣也不需要變得情緒化，故意大聲關門刺激對方。只要用言語告訴對方你希望他做什麼、或是不希望他做什麼就可以了。至少要讓對方知道你在生氣，譬如告訴對方：「你剛剛說的這些話讓我很生氣（受傷）。」

將人與人拆散的憤怒

溝通順利時，我們會覺得與對方親近；但是吵架、變得情緒化時，我們就會覺得與對方遠離。在這種時候，我們無法接受對方。

提到戀愛，「愛」這種感情與人際關係不同，與其說是某天突然在心中萌芽，還不如說是與這個人溝通起來很舒服的瞬間，開始喜歡對方。但兩人之間如果有了憤怒的情緒，愛就不再存在。

這麼一來，原本明明想要親近對方，但有了憤怒的情緒，就會與對方拉開距離，也無法達成原本的期望。如果兩人距離變遠，我們的主張就無法讓對方接受，或者即使對方接受我們的主張，心情也不會太愉快。因為對方與我們如果在心理上距離遙遠，主張愈是正確，對方就愈會覺得接受是承認失敗而不願接受。

阿德勒說，憤怒是將人與人拆散的情緒。[19]如果我們主張某件事、並且希望對方接受，就必須改善與對方之間的關係並拉近距離。憤怒在這層意義上是沒有用處的。

我想起我曾經對父親說話大小聲。當時父親介入了我的人生，那是我有生以來第一次對父親大聲說話，而我自己也嚇了一跳，立刻就覺得不好意思。那時，我對父親說：

「你剛剛的說話方式讓我覺得像是高高在上。」

我不知道這麼說父親是否理解了我的話，但是他這麼回答我：

「或許是我的表達方式不好。」

後來，父親就以平穩的語氣，對我說以前從來沒有聽過的、他年輕時的故事。

所謂的負責

以上就是我的經驗，如同先前一直提到的，很多人似乎不願意直接面對人生的課題，想要盡可能迴避。然而，自己的人生課題只能自己解決。面對課題時不逃避，反而願意說出「我來承擔」的人，可說是有責任感的人。

即使人生進展看起來不如想像中順利，明明是自己的人生，卻想著能逃多遠算多遠，如果這時有人問起「誰來承擔這個課題」，還是得說出「由我來承擔」，因為這是我們必須承受的「責任」。責任的英文是responsibility，意思是「回應的能力」。我們往往會提出各式各樣的藉口，企圖從人生的課題逃離，但不逃避課題，能夠說出「是，我來承擔」，才是負責任的表現。

我們可以找出各式各樣的藉口逃避課題，但是，請不要再說是別人或是過去發生的各種事件造成自己現在的樣子。為了活得幸福，我們必須負起自己人生的責任。

當然，「負起責任很重要」大部分的人都會說，也都這麼想吧？但是如果遇到自己的事情，卻往往難以負責。

舉例來說，害怕被人討厭，因此配合他人想法的人，可說是**沒有負起責任主張自己相信的正確事物**。因為主張自己的說法不退讓，大部分的情況下難免會與其他想法相異的人產生摩擦。

這種時候不要迎合別人，即使其他多數的人反對，也應該主張自己覺得正確的事物，並且負起隨之而來的責任，也就是被他人討厭。不在意他人的評價、不害怕被人討厭，才是活得自由。

換個角度看，有人討厭自己，就是自己活得自由的證據，這可說是為了活得自由而不得不支付的代價。

或許每個人都喜歡對誰都是好臉色、配合他人的人。但是當這樣的人發現各種不同的人都對他們說「我只相信你」時，其實他們身邊並沒有真正支持自己的人。沒有自己的想法，只會配合他人的人，在不為自己的發言負起責任這層意義上，也可說是沒有責任感的。

我在前面提到的例子說過，孩子的課題必須由孩子自己解決，必須承受根據自己的判斷做出選擇時伴隨而來的責任。

即使這個選擇的結果會讓父母不開心，這也是父母必須解決的課題，孩子不需要承擔。

就算孩子的決定會讓父母悲傷，這個悲傷也是父母自己必須想辦法解決的問題，我們不能因為不想讓父母悲傷就放棄自己做決定。

看別人臉色這件事，在不破壞現場氣氛這層意義上是受到鼓勵的，但最後會變成即使自己有想法也不敢提出來，只能隨波逐流，順著現場的氣氛行動，在這層意義上，可說是毫無責任感。

這個社會之所以認為別人臉色很重要，是因為只重視協調性。我們即使處在

「我不用說你也應該懂」的壓力下，如果遇到不合理的事情時，也不應該看別人的臉色保持沉默，而是要鼓起勇氣提出主張。這麼做或多或少會掀起風波，但是如果什麼都不主張，或只是提出間接的主張，別人也無法理解自己的想法。所謂間接的主張，比如在天氣熱想要開冷氣的時候不說「請幫我開冷氣」，而是說「今天好熱啊！」

以間接主張的方式別人或許聽得懂，但也可能聽不懂。因此重要的事情，最好不要認為間接的方式別人也能聽得懂。

即使會產生摩擦，或者我們的主張對方無法理解，總而言之先提出主張這點，還是會成為改善人際關係的突破口。

明明是必要的主張，有些人卻覺得提出來會產生摩擦而保持沉默，這樣的人只關心自己。提出某種主張時，或許會有人反對，但是提出必要的主張也能對他人帶來貢獻。

懷著貢獻感

到目前為止，我一直使用「貢獻」這兩個字。或許有些人認為，應該也有無法做出貢獻的人吧？

關於這點，我在前面以孩子的存在對父母的意義為例，並且寫道孩子即使沒有做什麼特別的事，他們的存在也已經是貢獻了。在下一章探討「年老與疾病」時，會再深入說明即使沒有實際做出貢獻，也能懷著「貢獻（感）」這點的意義。

本章探討了關於工作的課題，但確實也有無法工作的人。工作雖然是生產，但並非只有生產才是人生的價值。

以前，我曾經擔任過精神科的日間照護人員。我的工作是陪患者一起去購物、做午餐。我雖然和狀況好的人一起外出採購、一起煮飯，但是大部分的人狀況都不好，無法幫忙，只能躺在那裡。但是，做飯的人完全不在意這種事，大家都很開心地努力料理食物。

餐點準備好之後，不管是有幫忙的人還是沒有幫忙的人都一起用餐。沒有人會說不幫忙的人就沒有資格吃飯。我想大家都有這樣的默契，自己不知道甚麼時候會狀況變差無法幫忙，到時候自己在工作上也能得到豁免，因此應該趁著狀況好的時候幫忙。我覺得即使在整個社會中存在著像這樣無法工作的人也無所謂。不事生產就沒有價值這種想法，應該要有檢討的空間。

就個人的問題來說，我們也不是隨時都在工作。玩樂很重要，而且也是必要的。工作是人生當中有生產性的部分，玩樂則是無生產性的部分。我們在第五章會思考關於玩樂的問題。

1《追求生之意義》
2《人生的意義心理學（上）》
3《個體心理學講義》
4《個體心理學講義》
5《個體心理學講義》
6《教育困難的孩子們》

7《個體心理學講義》

8《理解人類的心理學》

9《人生的意義心理學（上）》

10《教育困難的孩子們》

11《理解人類的心理學》

12《個體心理學講義》

13《個體心理學講義》

14《追求生之意義》

15《孩子的教育》

16《孩子的生活型態》

17《孩子的教育》

18《給青年詩人的信》

19《性格論》

第四章

面對年老、疾病、死亡的方法

覺得自己老去的現象

年輕人往往覺得自己與變老這議題無關。但即便是年輕人，一旦生病而不再能夠隨心所欲控制身體，也會經歷喪失身體的感覺，也就是急遽老化的感覺。

我在五十歲時曾因為心肌梗塞倒下。心肌梗塞與其說是心臟的疾病，還不如說是血管的疾病，也可說是一種血管老化病變。動脈硬化、變窄就是老化，這種變化是不可逆的，血管再也不會恢復原狀。因為心肌梗塞而壞死的心肌，也不會再復原。

即使沒有生這樣的病，老化遲早也會開始。只不過感覺自己老化的時間因人而異。我的父親到了已經稱不上年輕的年齡時，非常討厭別人在電車中讓座給他。但人隨著年齡增加，會變得老眼昏花、齒牙動搖、容貌衰老等等，這時就不得不意識到自己老去。

老化不只是上述這些身體上的衰退，隨著年齡增加，人也會變得健忘。當然，年輕時也會發生同樣的現象，但如果健忘的頻率增加，甚至因為忘記重要的事情而影響到工作，記憶力衰退就會成為嚴重的問題。

我的父親很早就抱怨自己愈來愈健忘，他說：「如果還能發現健忘這件事還算好，但我在想，難不成只有我自己沒發現自己健忘了。」最後，父親得了阿茲海默症，就連對遺忘的恐懼也意識不到了。

並非每個人都會隨著年紀增加而出現這樣的記憶障礙，但是如果愈來愈常健忘，即使是年輕人，也會開始害怕自己是不是得了失智症。我們對於這個疾病還有很多不了解的地方，即便努力預防，也不知道是否有效。

老去就像這樣，我們很早就會意識到。阿德勒指出，一旦產生老去的自覺，就會開始給予自己過低的評價，並且因此產生強烈的自卑感。

再次討論歸屬感

在職場工作的人，終究會面對退休的年齡。即使是沒有規定退休年齡的工作，每個人也或遲或早都會自覺到能力衰退。一旦有了這樣的自覺，工作的內容、分量就不得不改變。

但是，年老的問題不只在於能力衰退本身，阿德勒也這麼說，這個社會在評斷一個人的價值時，工作幾乎占了決定性的因素。一個社會如果把職責高低看成是個人地位的高低，人一旦離開他的工作，就會覺得自己不再有價值，並且開始過著失意的每一天。

有些人在這時會覺得自己是不是已經沒有價值了、是不是已經不被需要了，這種人可能會變成兒女說什麼都完全不否定的溫和老人，也有可能變成看什麼都不順眼的批評者[1]。

如同前面提到的，歸屬感，也就是自己可以待在一個團體的感覺，是人類最基本的需求。對於長年都在工作的人來說，退休、不再需要到公司的時候，將成為人生最大的危機之一。

即使是一直期待退休之後可以活得自由自在的人，在不屬於任何組織之後所引發的不安感也超乎想像。而且離開工作時已經不再年輕，若是對健康沒有自信，即使沒有得到什麼重大疾病，也會意識到自己能做的事情有限。

退休的人或許需要好一陣子，才能覺得這段「無歸屬的時間」是「讓人重新找回人類應有的樣子，並且把自己培養得更茁壯的時間。」[2]那麼，我們應該怎麼辦才好呢？

不同於年輕時的貢獻感

前面已經提過，阿德勒說：「重要的是我們該如何使用被賦予的事物」，而羅馬哲學家西賽羅是這麼說的：

「我現在不會想要擁有年輕時的體力，這就像是年輕時不會想要擁有牛或象的體力一樣。我們只要使用擁有的事物，並且無論做什麼事情都採取符合自己體力的行動就可以了。」[3]

此外，雖然說智力會隨著年齡增長而衰退，但是我想，比起「年輕時頂多只是用大腦肌肉（如果有的話）嚼碎書本」[4]，年歲漸長之後對於人生與世界的理解會更深入。

即使現在不再擁有熬夜多天都無所謂的體力、幾乎可以廢寢忘食的專注力，也不需感嘆自己已經不再年輕、年輕時做得到的事情現在已經無法做到了，因為這麼做只是在原地踏步，完全沒有前進。

前面引用了維吉爾的「相信，所以做得到」這句話，這對老年人來說也一樣，即便已是老年人，著手進行一件事的時候，也必須回頭看看自己是否把年齡當藉口，一心以為自己做不到某些明明做得到的事情。

瀨戶內寂聽、唐納德・基恩、鶴見俊輔在八十一歲時進行的三人會談集結成《生在同樣的時代》這本書，書裡展開的「智慧饗宴」，是年輕人模仿不來的。

但即便如此，年齡漸長之後不再能像年輕時那樣，無法接應愈來愈多的事務，這也是真的。就算是這種時候，也不應該感嘆失去的青春，應該感受到自己以某種形式帶給了周圍的人貢獻。

年老之後，**不需要再像以前一樣，企圖讓周圍的人懂得自己的價值**。即使沒有做什麼特別的事情，也一點都沒有減損自己的價值，這麼想或許需要一些勇氣。這點在稍後討論疾病時也會提到。

因生活型態而不同

並非所有人都能接受老去。

阿德勒在提到更年期時表示，這不一定是危機，他說，如果在先前的人生當中，一直都只認定年輕、美麗才是女性的價值，這樣的人到了更年期就會：

「因為自己引人注目的行為舉止而感到痛苦，並且經常覺得自己好像被騷擾一樣，採取帶有敵意的防衛態度，因此變得不開心，也可能發展成憂鬱症。」[5]

但是，並非所有女性都認定只有年輕美麗才是女性的價值。

柏拉圖在《國家》中寫道，蘇格拉底與一位虔誠、溫厚的老人克法羅斯對話。克法羅斯說，人老了之後，就會感嘆現在再也找不回年輕時飲酒狂歡、上床做愛那種樂趣了，並且悲嘆從前過得很幸福，但現在卻宛如行屍走肉。他的家人當中，甚至有人因此自我虐待、自我毀滅。

「但是，」克法羅斯對蘇格拉底說，「我覺得這些人的理由，其實不是真正的原因。」

他說，如果年老是不幸的原因，那麼自己應該也會有同樣的經歷，然而事實並非如此。

「蘇格拉底啊，原因並非年老，而是人的性格。只要當一個性格端正、知足的人，年老就不會成為那麼痛苦的事。若非如此，蘇格拉底啊，對這樣的人來說，年老也好、青春也好，人生都是痛苦的。」

人如何接受年老、疾病，甚至是死亡，因生活型態而異。阿德勒這麼說：

「很多人都認為身體機能迅速衰退、心理失去平靜就是『人若死了』就完全消滅的依據，並且對此感到害怕。」6

這裡先提一點之後關於死亡的討論，阿德勒認為，人即使死亡也不代表完全消滅。這句話需要思考，否則不會明白它的意思。

病的時候

與年老不同，我們不知道什麼時候病痛會降臨到自己身上。如果年紀輕，因病去世會被視為特殊情況，但生病本身與年齡並沒有關係。

健康的時候，自己與身體就像是融為一體，我們甚至不會感覺到身體的存在，然而一旦生病，就不得不注意到身體。即使像是手指被紙切到這樣的事，我們也是在看到傷口的瞬間才開始感覺到痛，而且意識再也無法從疼痛中逃離。

然而，就算身體出現異常，我們也可能不傾聽身體的控訴，擅自把症狀往自己希望的方向解釋。我在心肌梗塞倒下之前，明明發生了不再能夠走得太快的情況，卻擅自解釋成自己大概是因為運動不足所以肌力變差。明明長期血壓高、每天晚上都睡不著，卻對這樣的事實視而不見，把身體發出的警告換成自己希望的解釋，企圖讓這些警告失效。

我曾經有過突然感覺到某人盯著我看，並且在抬起頭來之後與陌生人對上眼的經驗。這時，那個人也一定在我們發現之前，就已經把視線投在我們身上了吧！身體的呼喚與我們對身體的回應也剛好類似這種情況，兩者之間有時間差。而這個時間差有時會成為致命的危機。

然而，大部分的情況下，我們並非完全沒有發現事情的嚴重性。實際上也可說是正因為感覺到事態嚴重，才不聽家人請我們看醫生的勸告。

瑞士的精神科醫師庫伯勒．羅斯提到，人在面對不治之症時，第一階段會採取否認的態度，就像她說的，即使聽到醫生宣布病名，也會否認這樣的事實，覺得「不，那不是我。這不可能。」

另一方面，也有人能夠立刻回應身體的聲音。日本有「一病息災」這樣的成語，意思是有點小病的人反而更健康，如同這句成語所說，即便只是感覺到身體有點異常也要馬上看醫生，一有問題就在變得太遲之前想辦法處理。

無論如何，沒有人這輩子都不會生病。只是對於不傾聽身體聲音的人來說，疾病看起來就像突然出現在人生當中一樣。

或許應該說，無論覺得自己多麼健康，依然隨時都有可能生病。疾病無法避免，希望各位知道，**生病絕對不是因為運氣不好的關係。**

荷蘭的精神病理學家范丹伯說：「真正健康的人都擁有脆弱的身體，而他們自己也意識到身體有多麼脆弱。」[7]

假使在生病後才第一次發現身體原來那麼脆弱，那麼這場病就可說是生得有意義。當然，沒有人希望生病！盡可能過著與疾病無緣的生活最為理想。

我現在也經常想起心肌梗塞入院時，某位護士說的話：

「有些人只是覺得『撿回一命』而已。但最好還是考慮往後的人生，好好休養。你還年輕，所以要抱著重新再活一次的覺悟繼續加油吧！」

既然說要「重新再活一次」，就不能再和以前一樣了。所以我當時想，應該以過著不同於生病之前的生活方式為目標。

為此，生病時必須把疾病當成自己的一部分接受，即使有幸痊癒，也不要只是覺得撿回一命，因為治癒之後也不知道何時可能會再生病，必須抱著不知道何時會再生病的認知。希望各位可以這樣正視疾病、面對疾病，回應生病的身體所說的話。

我們在前一章思考過有關責任的問題，生病也一樣，能夠（ability）對這個生病的身體做出回應（response），也是一種責任感（responsibility），另一方面，不回應就是沒有責任感的表現。

從疾病中恢復

從疾病中恢復是什麼樣的情形呢？我們在健康時，很少會意識到自己的身體。當然，偶爾會有頭痛、胃痛、肩膀僵硬等症狀，但疼痛不會一直持續下去，很快就會恢復健康。

但是，如果疼痛長期持續，或是感覺到沒有經歷過的疼痛，就會突然不安起來，覺得「這難道是某種重大疾病的徵兆嗎？」正因為如此，更加無視於疼痛這個身體發出的警訊，使其失去效力。然而，如果透過這樣的取巧也無法忽視疼痛，這種時候意識就會受到疼痛著的身體支配，片刻也無法離開身體。

那麼，我們可以把恢復想成是順著與之相反的過程進行嗎？也就是說，是否回到完全意識不到身體的狀態就可稱之為恢復呢？

這種想法不一定是錯的，但如果只是不再意識到身體，那麼我覺得，借剛才引用的護士的話來說，就只是「覺得撿回一條命而已」。

的確，如果可以恢復健康、脫離疼痛，一般就會說是痊癒了，但痊癒的人大部分都很快又回到生病之前的生活。就連得過心肌梗塞的人也可能重新開始抽菸。此外，住院中與剛出院後不久還會注意節制飲食的人，也可能恢復與從前相同的飲食生活。因此，原本減輕不少的體重又很快地恢復原狀。

除了可能復胖之外，也會恢復到生病前那樣，沒有意識到身體的存在，然而有些身體狀態是看不到的。當然，能夠恢復成意識不到身體存在的狀態值得慶幸，但有些人已經無法回到生病之前健康的身體了。

所以，即使完全痊癒，也不能只是恢復原狀。我認為，發現生病之前沒有留意到的事、了解人類無法避免罹患疾病也非常重要。如果能夠透過這種方式，在生病之後用不同於以往的方式看待人生，這才是恢復的意義。

免疫學者多田富雄說，他在某天突然想通一件事。多田因為腦中風而失去聲音，並且變得半身不遂。他手腳的麻痺是因為腦神經細胞死亡造成的，所以無法恢復原狀。即使恢復功能，也不是因為神經復原，而是身體**創造出新的神經**。多田對此表示，這就像是另一個自己、新的自己誕生到這個世界上一樣。

「現在雖虛弱、笨重，但我感覺到他就像是蘊藏著無限的可能性在我體內胎動一樣。他讓我感覺到，他就像是被束縛的、沉默的巨人。」[8]

復健的意義不只是恢復功能的訓練，復健這個字原本在拉丁文中的意思與其說是恢復原狀，不如說是重新（re-）賦予能力（habilitare）。問題在於，這是什麼樣的能力。如同一般所說，如果復健只代表著恢復功能，那麼已經沒有機會恢復功能的話，就會讓人產生想放棄復健的想法。

舉例來說，某些案例已難以恢復眼睛的視覺功能，但借用多田的話來說，全新的人還是有可能重新誕生。

由此可知，從疾病中恢復，有時候指的也不是恢復生病之前健康的身體。我認為，生病本身絕對不是一件好事，會讓人失去許多東西，但即使如此，我依然強烈感受到生病能讓一個「全新的人」覺醒。

生病的意義

我在前面寫道，生病本身絕對不是一件好事。雖然人絕不可能不生病，即使如此，這個世界上卻有很多人以一種不合理的方式罹患疾病。每當我聽到因病去世的人的故事，胸口總是悲傷得發悶。

有一本書叫做《當好人遇上壞事》。這本書的作者庫希納是一名拉比（猶太教的導師），醫生宣布他年幼的兒子只剩十年的壽命。庫希納面對這個不合理的不幸時，忍不住質問自己信奉的神：「為什麼我兒子必須遭受這樣的痛苦呢？」

即使不是自己的經歷，每個人也都會疑惑為什麼沒有任何罪過的人，只是因為剛好在場，就遭遇被暴徒刺殺那樣不幸的事呢？我想很多人聽到與自己年紀相仿的人病倒時，都會忍不住想像當事人的心情而感到遺憾。

發生這樣的事情時，會讓人忍不住想問神不是全善全能的嗎？庫希納認為，神不是惡的原因，神雖然是善的，卻並非全能。此外，他也認為，疾病與不幸既不是神給人的懲罰，也不是偉大計畫的一部分。他問道：

「現狀已經是如此了。我接下來應該做什麼事呢？」

這並非肯定現狀。庫希納說，人必須擺脫把焦點擺在對過去的質問，也就是不要去問「這種事情為什麼會發生在我身上？」而是應該提出把眼光看向未來的問題。

即使是神，也無法防止悲慘的發生。但是神卻可以給我們克服不幸的勇氣與忍耐力。庫希納問，這樣的力量除了透過神之外，到底還可以從哪裡得到呢？庫希納是拉比，把神搬出來是理所當然，但就算不搬出神，在疾病、事故、災難當中重新振作的人，他們的姿態依然打動人心。

話說回來，像我們這樣把生病當成不合理的事，但這件事本身並沒有意義吧？以我自己的經驗來說，借用庫伯勒．羅斯的話，我確實想過要「否認」自己生病這件事。我忍不住想，我既不抽菸也不喝酒，為什麼這麼年輕就得到心肌梗塞呢？

生命本身絕對的可貴性

有人說，要等到生病才會知道健康的可貴。但是，重新找回健康，是談論健康可貴性的前提。

在小說家北條民雄的作品中，有一位名叫「尾田高雄」的人物，他自從得了痲瘋病之後，就不斷看到「對生命的熱情」，並且了解到「生命本身絕對的可貴性」。這種病在當時既沒有藥、也沒有方法可治，患者只能過著被隔離起來的生活。絕望的尾田，找到一棵他覺得「就是它」的樹，嘗試在這棵樹上吊自殺，但是他失敗了，並且對是否要自殺感到猶豫。他說：「當我把鬆開的帶子從脖子上解下來時，鬆了一口氣。」他不想再試著上吊了。9

對於今後沒有痊癒希望的患者來說，比起健康的可貴（因為再也無法找回來了），北條所說的「生命本身絕對的可貴性」，更能貼切地表現他們的體悟吧！

沒有時間的岸邊——活在此時此地

先把以上的觀念放在腦中，接著再思考，即使身體因為生病而無法復原，我們可以學到什麼呢？

首先第一點，患者（與其家人）就像是擱淺在「沒有時間的岸邊」，這是前面引用的范丹伯所說的話。

「各種事情都隨著時間前進，患者卻像是擱淺在沒有時間的岸邊。」[10]

生病之後，不得不取消工作上的約定，明天不再是今天的延伸、**不再擁有原本以為當然會來臨的未來**。事實上，即使在生病之前，未來也並非理所當然一定能夠到來，但人在健康時意識不到這點。

范丹伯說：「對人生誤解最嚴重的人是誰呢？不就是健康的人嗎？」[11]

「明天不一定會來」發現這點也有值得肯定的一面。因為生病而經歷過失去時間的人，之後會以不同於先前的方式看待時間。這正是生病時能夠學到的事。

亞里斯多德在《形而上學》中，透過下列的對比，討論運動（kinesis）與實現（energeia）。普通的運動有起點與終點。這樣的運動希望能夠快速且有效率的達成，舉例來說，如果可以搭乘快車或是特快車的話，就沒有必要搭乘每站都停的普通電車。因為抵達目的地才是重要的，從抵達目的地這層意義來說，移動即是未完成且不完全的。

另一方面，實現是目前「正在進行」，並且就此「完成」的活動。這代表什麼意思呢？這種活動與前面提到有起點與終點的運動不同，是現在正在進行的事情，而且無論抵達終點與否，其本身就已經完成了。

譬如跳舞，因為現在正在跳舞這件事本身就有意義，沒有人跳舞是為了去哪裡吧？旅行也是「實現」。旅行從走出家門的瞬間就已經開始，即使尚未抵達目的地，其每一刻本身都是旅行。在旅行當中，時間的流動開始與平常不同，我不覺得有效率的旅行是有意義的。

那麼，活著是哪種活動呢？有人會把人生想像成有起點（誕生）與終點（死亡）的刻度直線。

如果問道：「你現在活在人生的哪裡？」年輕人會指著中央偏左處，年紀大的人則會指著偏右處。如果說自己距離中間點還很遠，或是位在通過中間點附近不遠處，即是認為自己接下來還會活很久，但真正的情況誰也不知道。

如果一個人已經活了七十年、八十年，那麼可以說是已經通過中間點了吧？**但是每個人都有可能已經通過人生的中間點了**。

如果生病的話，人生或許就不再可以想成一條直線，因為或許得面對不再擁有長遠未來的這個事實。

活著不是有起點與終點的「運動」，而是像跳舞一般，是一種「實現」的活動，換句話說，不必抵達某處，每一刻的**「現在」**、**「我活過了」**，都是一種活著不是嗎？

我的母親在四十九歲時因為腦中風去世。她的口頭禪是「等孩子都長大了，我想去旅行」。當她生病倒下的時候，孩子明明都已經很大了，但她依然沒有實現這個計畫。母親在病床上說，旅行應該趁著還能去的時候去。如果一直找藉口，把想做的事情往後延，那就永遠也做不到。

那麼，人生突然結束的人，就像大家常說的，是壯志未酬就倒在半路上嗎？我希望各位知道，這並非如此。「半路上」這個表現，顯示說這句話的人把人生當成空間理解。如果把活著看成實現，把人當成在活著的同時也活過了，那麼即使不等待明天，人生也可說是現在、在這裡就已經是圓滿的。

如果這麼想，那麼**即使不等疾病痊癒，或是即使無法痊癒也沒關係**。而我們也可以知道，范丹伯在說患者像是「擱淺在沒有時間的岸邊」時，這句話的意思與其說是時間本身消失了，還不如說是患者開始以不同於從前的方式理解時間。

「存在」就是貢獻

阿德勒引用了一名少年的案例。這名少年行為出問題，他的父親甚至覺得除了將他送到感化機構外別無他法。12但這名少年後來生病了，他在床上躺了一整年。而他在疾病治癒、得以復學之後，彷彿變了一個人似的。

他原本覺得，其他兄弟姊妹不像自己這樣受到冷落。但他在長期生病當中，發現總是不斷有人極力為自己奉獻。他因此理解到自己沒有受到冷落，雙親都是愛著自己的。

生病的經驗改變了他對這個世界的看法。從前他把別人當成敵人，但在知道家人犧牲自己照顧他之後，就了解到自己其實是被愛的，別人並非敵人，而是夥伴。

但是，並非每個人在生病之後看法都會變得和他一樣。有些孩子在了解到生病會讓原本不太注意自己的家人，近乎犧牲的照顧自己之後，就認定生病就能吸引家人的目光（這個現象不只限於孩子）。

然而痊癒之後，通常不再像生病時那樣得到矚目。痊癒就是這麼一回事。生病之前陷入自我中心的人，在疾病痊癒之後因為不再能夠獲得特別的注目而感到失望；有時，疾病甚至在沒有任何醫學根據的情況下再度復發。

在此，我想透過生病這個經驗強調的是，無論是否得到他人注目，即使自己無法靠著自己的力量進行任何事，**活著這件事本身就已經是有價值的了。**

這種事情，只要想想如果生病的不是自己而是其他人，譬如是家人或重要的朋友就能知道。我們只要對方還活著，就會覺得很感恩了吧！而且我們會因為能夠幫助生病的家人或朋友而感到開心。即使沒有獲得病患本身的感謝也無所謂。因為就算沒有獲得感謝，只要能夠感受到自己能以某種形式對生病的人產生貢獻就已足夠。

我長期照顧阿茲海默症的父親，他的新記憶就像沙畫一樣，不斷覆蓋在舊的記憶上。對這樣的父親來說，他只活在現在這個當下。我與父親的關係在過去雖然發生了許多事情，但現在能夠看到父親安穩度過晚年的日子，還是覺得很欣慰。

如果我們能在家人或朋友生病時，因為對方活著這件事本身感到喜悅，那麼自己生病時，也可以想成是自己提供了讓他人因貢獻而產生喜悅的機會。當然，這麼想需要勇氣。

就我本身的經驗來說，生病時很難從自己只會帶給別人麻煩的想法中脫離。但是，這麼想代表無法信賴他人，如果用阿德勒的話來說，就是**不把他人當成「夥伴」**。

我因心肌梗塞倒下前不久，收到年輕時同窗友人寄來的明信片，告訴我他當上教授的消息。我在很早之前，就因選擇了與他人不同的生活方式而自豪，但我也曾經很想在大學教書，因此這位朋友的明信片一時間激起了我的理想，而我也驚訝地發現自己一直沒有忘懷這件事。坦白說我沒有為朋友晉升教授而開心，反而忌妒他。

我在住院後不久想起這位朋友。我拜託家人為我帶來明信片，依照上面的信箱地址從病房中寄出電子郵件。結果我立刻就收到回信，而且當天就與這位朋友重逢。當然，他應該是十分忙碌的，卻因為擔心我而趕過來。這時，如果使用前面引述北條民雄的話來說，我感受到了「生的絕對可貴性」。

當我覺得自己失去了一切時，這世界上還有人掛念著我，這是我在病床上得到的寶貴經驗。

死亡無法避免

人在活著的時候，無法迴避死亡的問題。每個人對於死亡的在意程度或許不同，但人生最後必須迎接死亡的這一事實，不可能不影響人的生活方式。

希臘哲學家伊比鳩魯說過下列這段話：

「在許多災厄當中最可怕的死亡，對我們來說其實什麼都不是。因為我們存在的時候，死亡並不存在，而死亡存在的時候，我們已經不存在了。」[13]

這確實可說是一種見解。我們可以看見「他人的死」，卻無法在活著的時候體驗「我的死」。我的死，是死後才有的體驗，現在，活著的時候，死亡可說是不存在。

死亡對我們來說之所以可怕，是因為沒有人知道死亡是怎麼一回事。未知的事物會讓人感到不安。雖然有人經歷過瀕死經驗，但瀕死頂多就是與死亡擦身而過，並非死亡本身。

我們常聽到有瀕死經驗的人說死亡並不可怕，如果這個證詞是真的，那麼我們或許不必害怕死亡。但遺憾的是，死去的人誰也無法再回到這個世間，因此無法確定證詞的真偽。

另一方面，也有很多人一邊說死亡很可怕，卻覺得只有自己不會死。即使身負瀕死重傷，依然沒有捨棄自己不會死的希望。

我被救護車載到醫院時還有意識，所以也聽到醫師宣布我得了心肌梗塞。我當時雖然想著自己得這個病還太早了吧？怎麼會這麼輕易就死去呢？死亡是很寂寞的事等等，卻不覺得自己會死。不過我也可能因為太過震驚，而變得無法思考任何事情。

即使如此，我被救活之後，還是從死亡邊緣徘徊的經驗學到許多事情。有些人天真問我：「你經歷了瀕死經驗嗎？」我當然沒有經歷過這種事，但用不著經歷瀕死經驗，我在生還之後對於「死亡」的想法也已經改變了。當時的我尚未痊癒，但我不僅沒有不再害怕死亡，還在隔年接受了冠狀動脈繞道手術，因為我害怕心臟出問題，也就是害怕死亡，而死亡也更加無法離開我的意識。

克服對死亡的恐懼

如同先前所見，死亡並非死亡之後才存在，可說是存在於「生」當中。當然，存在於生當中的死亡並非死亡本身，主要是對死亡的恐懼。

我們把死亡當成可怕的事物，持否定態度看待，但實際上是否如此，不經歷死亡也不會知道，因此可以這麼想：我們如此看待死亡有其目的。蘇格拉底說，我們把死亡想成是可怕的事物，是明明不了解還自以為了解。14

換句話說，我們儘管不了解死亡，但還是創造出對死亡的恐懼，這是**為了逃避處理人生的課題**。

如果把人生的課題視為即使困難、但還是可以解決的問題，就不會為了逃避而把害怕死亡或疾病當成藉口，這種時候，死亡與疾病也不再恐怖。

話雖如此，人還是一定會生病，也留下了死亡這個固有的問題。如果人為了不面對人生的課題而害怕死亡，那麼也不得不說在逃避其他人生課題時也會採取相同的態度。

在這層意義上，「死」和「生」並沒有什麼特別的區別，可說是「生」的一部分。

不要把死亡無效化

因為害怕死亡而逃避死亡的人，會把死亡無效化，並去想像人不會死、死去的人其實沒死的說法。譬如像庫伯勒．羅斯這樣，把死亡想成只不過是從這個人生轉換成另一種存在（《當綠葉緩緩落下》），或者存在的型態雖然與活著的時候不同，但並非消逝，譬如，可以把死亡想像成是幻化成風。

我當然可以理解希望這種事情真實存在的心情。正因為相信人即使死了也不會消失，才能克服對死亡的恐懼，留下來的人也能隨著時間經過，療癒與死亡的人離別的悲傷。

即使沒有果報

我的母親為了看護我的奶奶而辭去工作，同時也為了孩子奉獻了大半生，然而就在她即將可以開始享受自己的人生時，卻因為腦中風去世。我曾經想過，像母親這樣的人生，真的有回報嗎？瑞士哲學家希爾迪是這麼寫的：「從我們的見解來看，報應必然會降臨這個世界的觀念，與其說是這個世界所有的帳都會被結清，還不如說是，我們正當化了這樣的事情必定存在於生活當中的推論。」[15]（希爾迪《睡不著的夜晚》）

「如果有果報就好了！」我們確實會這麼想。

但是，我不能把希望連結到「如果惡人沒有得到報應、善人在這一世沒有獲得回報，就是我們擁有來生的證據」這種無法得到證明的想法上。

而且我也希望各位知道，人如果一直以來都採取不特別求回報的生活方式，那麼也不需要在死後要求果報。

死並非個人的問題

以前我覺得，人如果能夠不因為死亡而消逝、可以不死就好了。而且希望這個「不死」是建立在保有原本的人格與個性上。

所以，如果死的時候，人格和個性與某種大的事物融為一體，或是回歸自然的循環當中，這時我就不再是我。因此這種型態的不死，不是我所希望的不死。

然而，自從生病之後，我開始覺得，即使個性因為與某種大的事物融為一體而消失，甚至在死亡之後灰飛煙滅，那也無所謂。

我能夠這樣想，首先，是因為我接受了即使像這樣活著的時候，**「我」這個人格也不是只由我一個人完成**的想法。因為即使到了現在，我也「沒有」能與他者切割的「個」性。

其次，我在前面提過，脫離自己執著的事情，把對自己的關心轉向他人相當重要，因此我認為，只要不再把自己會變得怎麼樣當成第一要務，就不再需要害怕死後無法維持個性。

留給下一個世代的事物

這裡希望各位注意的是阿德勒說過的下列這段話，我在前面也引用過一次：

「很多人都認為身體機能迅速衰退、心理失去平靜就是『人若死了』就完全消滅的依據，並且對此感到害怕。」[16]

阿德勒並不認為人在死後就會消失。但是，阿德勒也不是把我的個性會消失，或者我不再是我直接當成問題。

阿德勒這麼說：

「『人生』最後的試煉，就是老去與對死亡的恐懼。但如果意識到能夠以生下孩子、對文化發展留下貢獻的形式來確信自己的不死，那麼這樣的人就不會害怕老去與死亡。」[17]

他在別的地方說，時間是有限的，人生最後必定會迎來死亡，而在這過程中，能為全體人類的幸福作出貢獻，就是給希望不要從共同體中完全消失的人的不死保證。而孩子與工作，就是對全體幸福帶來貢獻的例子。[18]

雖然貢獻的形式因人而異，但留下些什麼、並且能夠藉此為後世的人帶來貢獻就是有意義的。到時候，這個「我」能不能留下來，就不是太大的問題了。阿德勒說，就像母親的工作是為孩子開拓一條路，使孩子成為對社會有用、有幫助的人一樣，人類生孩子不是為了延續自己的血緣，也不是為了在年老時有孩子可以照顧自己。

西塞羅在《關於年老》當中，引用了羅馬劇作家斯塔提烏斯「為了幫助下一個世代而種樹」這句話。即使現在撒下種子，自己或許也無法在活著的時候看見結果。

馬丁路德也有一句時常被引用的話：「即使明天就是世界末日，我也會種下蘋果樹。」

這兩句話實際的意思，都不是字面上所說的栽種樹木。他們的意思應該是，即使自己看不見成果，然而為後世留下某些事物，就是一種不死的形式。

更進一步來說，即使留下的是無形的事物也無所謂。內村鑑三在《留給後世的最大遺產》中提到，他在離開這個世界時，希望為這個「地球」（不是國家，這點吸引我的注意）留下愛的證據。那麼，應該留下什麼呢？他提出幾項可以留下的事物。

第一是「金錢」。但是，內村說：「我存錢不是為了自己。我希望我們內在能夠湧現實業精神，根據神的正道，遵循天地宇宙之法則，將財富使用於國家。」問題是並非每個人都能留下金錢。

因此，內村提出第二項留給後世的遺產「事業」，以及第三項「思想」。然而，這些都不會成為「最大」的遺產，因為事業與思想也不是每個人都能留下。

內村認為，在每個人都能留給後世的這層意義上，最大的遺產當屬「人生」。

因為即使是沒有留下任何有形事物的人，或是無名的人，都能把某人曾經活在這個世界上這件事流傳給後世。內村是這麼寫的：

「我推想，人類可以流傳給後世，而且是誰都可以留下的遺產當中，有一種百利無一害的遺產。那是什麼呢？就是勇敢、高尚的人生。」

我們在前面思考過假設死亡之後就化為虛無的可能性，或者雖然沒有化為虛無，卻不再有個性的可能性。但是我覺得，如果站在留下來的事物的角度思考，就沒有個性消失的問題。因為若是如內村所說的留下人生，就無法想像把這段人生與活過的人分離。

更進一步說，我們不能單純因為胎兒沒有自我意識，就認為胎兒不是人。就像感受到胎動的母親認為胎兒無庸置疑是個人，或者就像我認為因為腦中風而失去意識的母親是個人一樣。人即使死了，對於他留下的事物來說，一直都會以同一個人的身分存在下去。

在西塞羅的《關於年老》當中，藉著主角凱圖之口這樣描寫敬愛的人：「如果這個人離開人世，就不再有任何我應該接受其教誨的人了。」的確，我們再也無法從去世的人身上直接學到任何東西。但是，如果那個人留下了文章，我們就能閱讀，而我們也記得他生前與他的談話、記得他說過的話。

換句話說，重點不在人，而在於他所說的話。即使是幾十年前去世的人，當我們強烈感受到他所說的話成為自己體內生存的力量、對自己產生作用時，也能同時感受到說這句話的人並沒有死。對於死者來說，這也是一種不死的形式。

有些人或許覺得，就算說要留下人生，無名的人也辦不到吧？但阿德勒說，如果這麼想的話，即使被認為是天才的人，如果對人類沒有貢獻，在這個世界上也不會留下痕跡。然而，有些人即便沒有在歷史課本上留名，對於我們來說，也絕對可以從他的人生當中學到東西。

另一方面，如果把死亡當成自己的事來思考，換句話說，即使死亡就像「我」消失在這個世界上也無所謂，不是嗎？這麼說的時候請注意，即使這個「我」被忘記了，也不能責備忘記自己的後人。

我認為，我們只要懷著小小的希望，即使後世的人忘記自己，只要自己為後世帶來貢獻，就算只影響了一個人，那也足夠了。事實上，我們也是因為許多不知名人士以各種不同的方式努力，才能活在現在這個當下。

重松清的小說當中有一則故事，描述某位丈夫閱讀因為癌症去世的妻子在死前寫的信。[19]妻子生前把信托付給護士，丈夫在她死後，從護士手上接過這封信。他用拆信刀拆開信封後，取出的是一張便籤。上面只寫著這樣一句話：

「忘了我也沒關係。」

「好好活一場」的具體內容

直到最後，我們依然不知道死是怎麼一回事。我們也不知道自己接下來會活多久。然而，我們的生活方式並不隨著死究竟是怎麼一回事而改變；只要我們活著，**無論死亡是什麼，都不會影響我們對生活的想法**。我認為這也是一種思考死亡問題的脈絡。

如果我們不知道死是怎麼一回事，也不知道自己接下來會活多久，那麼煩惱這樣的事情也沒有意義。我想，就如同阿德勒所說：「有太多人為了活著汲汲營營，對他們來說活著是困難的。」[20]

除此之外，也不要只把注意力擺在如何活得長壽上面，我們只能在上天給予的生命中，努力完成我們能做的事。

阿德勒所說的：「重要的不是上天給予我們什麼，而是我們如何使用上天賦予的事物。」[21]

這句話可說是適用於所有的生命問題。

那麼，該如何使用上天賦予我們的生命呢？借用柏拉圖的話來說，就是不要只是度時間地活著，而是要**「好好活一場」**。阿德勒這麼說：

「人生有限，但是如果活得有價值，也夠長了。」[22]

重要的是好好活一場。「好好活一場」出自於柏拉圖對話錄中蘇格拉底所說的話。阿德勒賦予這句話具體的內容：

「我只有在自己的價值對共同體有益的時候，才會覺得自己有價值。」23

以前面提到的話來說，就是當我們覺得自己對他人有幫助的時候，就會喜歡上自己。只有在這麼想的時候，才會覺得自己活得有價值，而為了要讓自己對他人有貢獻，就不能逃避以人際關係為主的人生課題。

只有覺得人生不如己意的人，才會感到人生沒有意義或沒有目的。24

有些人期待幸運，直到長大成人都還保持著被溺愛的孩子的生活型態，自己什麼也不做，卻希望周圍的人為自己做些什麼，這樣的人會因為現實的嚴峻而覺得頭暈目眩。「這樣的人生沒有意義」他們這麼想是有目的的。因為只要這麼想，就能逃避人生的課題。

如果回到死的問題，我的意思並不是只要把注意力擺在好好活著上面，就能不去思考死亡的事情。舉例來說，擁有美滿戀愛關係的人，會希望這場戀情永遠持續下去，而不擔心未來的事。因為他們內心充實，未來幾乎完全不需要擔心。

如果內心充實到一點也不需要考慮未來的事情，這時候，就可說這場戀情是圓滿的。相反地，如果不夠充實，就會一直擔心未來的事情，並且變得不安。

人生也一樣，只要專心地好好活著，就不會再掛心未來的事情。雖然不是說完全不去思索死的議題，但如果一直把注意力擺在這件事情上，就不是好好地過著這場人生了。

1 《孩子的教育》
2 《活在無所屬的時間中》，城山三郎。
3 《關於年老》，西塞羅。
4 《米蘭　霧的風景》，須賀敦子。
5 《追求生之意義》
6 《追求生的意義》
7 《病床邊的溫柔》
8 《沉默的巨人》
9 《生命的初夜》
10 《病床邊的溫柔》
11 《病床邊的溫柔》

12《教育困難的孩子們》

13 Diogenes Laertius, *Vitae Philosophorum*

14《蘇格拉底的申辯》，柏拉圖。

15《睡不著的夜晚》，希爾迪。

16《追求生的意義》

17《追求生的意義》

18 *Superiority and Social Interest*

19《在那天來臨前》

20《理解人類的心理學》

21《人為什麼會得精神疾病》

22《孩子的教育》

23 *Adler Speaks*

24《人生的意義心理學》

第五章

變得幸福的發現存在每一天當中

突然停下腳步

我們在第四章看過，亞里斯多德認為運動與實現是兩件不同的事。當時，我把有起點與終點、在兩點之間必須盡可能快速移動的活動，譬如通勤與通學，當成「運動」的例子，但是在通勤、通學等讓人以為是每天重複相同動作的日常活動中，也能以「實現」的方式活著。

我認為，即便沒有外出旅行，在通勤電車中還是可以欣賞窗外的風景。如果能夠這麼想，追求效率的日常生活，也不再單單只是重複例行公事。

此外，即便沒有經過生病這種非日常的體驗，還是能夠「過著不把明天當成今天延伸的生活」。但我覺得，很多人不僅把明天當成今天的延伸，甚至以為可以預測未來的人生；年輕人也很快就畫好人生的藍圖了。

或許現在還是有些人覺得未來無法預測，但還沒出社會的年輕人，或是替孩子考慮出路的父母，可能會誤以為只要進入升學學校就讀、從一般人眼中的一流大學畢業，未來等待他們的就是安定的一生。然而，考入了知名大學，就以為看到了未來的人生，其實這也只是自己這麼想罷了。其實，他們並沒有看見未來。

為什麼他們會以為自己可以看到未來呢？這是因為現在只有黯淡的光芒照著他們的人生，然而若換作像聚光燈一般的強光打在「此時、此地」，就根本看不到前方了。

看不到前方確實讓人不安，但只要把今天這一天、現在這一刻看成是完整的，那麼想到未來的事情時，就不再感到不安。想要過著不把明天當成今天延伸的生活需要魄力，但這種生活方式，正可說是前面提到的「實現」的生活方式。

我說的不是什麼誇張的事情。我曾經因一大早就打開冰箱發愁：「好了，今天晚上要煮什麼呢？」雖然自己這麼做是準備周到的個性，但我覺得，這一天才剛開始，實在不必事先決定好一整個白天要怎麼過，就算沒有一大早就思考晚餐的菜色也無所謂。

我在小學的時候，會思考升上中學時的事；升上中學之後，又只想著升上高中後的事。現在回過頭來看，反而覺得當時能夠更享受每一刻就更好了。雖然我為了升學，還是必須接受考試，但當時每一刻的人生，都不應該是未來人生的準備期。

我們不應該想著：「現在雖然是準備中的人生，但如果實現某件事，就能開始真正的人生了。」因為現在就是「真實」的。現在不是排練，而是正式上場。

我之前在內科診所服務時，經常有和我父親同輩的人前來諮商。有一個人每次諮商結束後，都會拜託我說：「為了避免我忘記今天說的話，請你在筆記本上寫下一句重點。」我回答他：「今天也會寫一樣的東西喔！」然後寫下**「不要拖延人生」**。我雖然覺得這不該是像我這種年輕晚輩寫給前輩的話，但我覺得不要往後拖延是可以讓人生變得幸福的一種小小的、但是重要的心理準備。

望向永遠

只要能夠專心活在現在，好機會突然造訪時也不會錯過。不過，要分辨什麼是好機會並不容易，因為別人無意間說出的話可能就是自己人生的一大轉機。

另一方面，專心活在現在的同時，也要以「如同擁有永恆的時間一般的態度」

處理工作。哲學家森有正是這麼說：

「但是不能匆忙。如同黎德爾所說，我們必須想像未來擁有無限時間，並且穩定心情。因為光是這樣就能產生高品質的工作成果。」[1]

佛教學者鈴木大拙到了九十歲，才開始著手將親鸞聖人的《教行信證》翻譯成英文。從年表來看，他在九十三歲時完成全六卷的英譯本。大拙除了吃飯以外的時間都埋首於翻譯，一天如果沒有達成十頁的進度，似乎就不休息。

照顧大拙的岡村美穗子寫道，看到大拙這樣沒有考慮到自己的年紀和工作量的平衡時，她既焦慮，有時也會生氣。[2]

我第一次讀到這則故事時心想，如果我可以活到鈴木大拙的年紀，還能夠接下不知道需要花幾年才能完成的工作嗎？即使接下了，也會忍不住想，我到底還剩下幾年的生命呢。這麼一來，如果我覺得自己沒辦法完成，應該就不會接下這個工作了。

然而仔細想想，鈴木大拙這份工作沒有什麼特別，我們平常進行的任何一項工作，都不保證能夠做到最後。但是，如果想著自己或許沒辦法完成，那麼什麼工作都無法開始了。

阿德勒說了下列這段話：「懷著自信，甚至與人生課題對決的人，不會感到焦慮。」[3]

以「沒有時間」當作理由而推掉工作的人，也會把「人生有限」當成不處理課題的藉口。阿德勒的話反過來說，就是沒有自信的人會焦慮，而為了說明這個焦慮，才搬出時間有限這個理由。

雙重生活方式

由此可知，我們追求的是**看向未來，同時也專注於現在**的雙重生活方式。也就是不管現實如何，「不失去理想」與「此時，活在此地」都能同時兼顧。

有些人或許看到現今的社會充滿危險，不競爭就無法存活，因此會認為阿德勒所說的「把他人當成同伴」、「為他人貢獻」的觀念，與現實相差甚遠。

然而，理想正因為不是現實，才可稱之為理想。我們也可以說，正因為把眼光擺在未來，才能不受發生於眼前的各種事件影響，專注於現在這一刻。我們即使遭遇了讓自己覺得一步也無法前進的事情，以長遠的眼光來看，或是日後回過頭來看，往往會發現這雖然是人生當中的一段大插曲，卻不是致命的事件。

不過，即使把這樣的事情告訴身處（可以想成是）不幸漩渦中的人，他們或許也不會了解。就像我們即使聽到明天傷痛就會消失，也一點都無法減輕「現在」的痛。我是這麼想的，我們不是神，所以即便跟身陷在親人枉死的悲痛的人說「這一切都是神的安排」，大部分的情況下也無法帶給他們任何勇氣。

人生當中，確實可能發生讓人迷失道路的事情，我希望各位可以繼續懷著理想，把理想當成「導引之星」，[4]這麼一來，其他所有事情都會成為通往理想之路上的插曲，即使一時遭遇挫折，也不需要絕望。

只要能夠了解這點，就不需要一直執著於偶爾發生的挫折，而是開始進行別的事情。因為只有最終抵達的理想才是終極目標，而這個終極目標就是「幸福」。

專注在目的、目標上

如果不把眼光擺在終極目標上，可能會誤以為眼前的事物就是終極目標。明明眼前的事物不是最後的目標，但卻把達成目標的過程本身當成目標，並且執著於這點上，就算已經發現這對於達成終極目標沒有幫助，也還是執著不放。

另一種情況就是，認為只要目標達成就好，而無法享受達成目標的過程。舉例來說，有些人會覺得只要考上大學、只要結婚，等在後面的就會是幸福。然而這些事情雖然是人生的出發點之一，但絕對不會是終點。

只要能夠專注在終極目的、目標上，就不會總是執著於某一條路，如果有必要，撤退後再沿著別條路前進也是可以的。當然，如果先前耗費太多時間、能量與金錢，那麼撤退、收手都需要勇氣。

事實上，有時也必須推翻原本的決定。哲學家鶴見俊輔曾經幫助過越戰逃兵，讓日籍逃兵住在自己家的二樓。當時，即使是日本人，只要在美國上大學都會收到徵兵檢查的通知。這些日本逃兵心想，只要上戰場就能免除學費，也能減輕父母負擔，因此前去接受檢查。他們似乎因為體格好，美軍很快就決定把他們送往越南。然而，在越南等待他們的卻是殺與被殺的現實。

我想，很多事情很難在一開始就把所有問題看透才做決定。不只是這種特殊情況，生活中或多或少都有需要重新做決定的情況。鶴見說：

「假使你到了阿富汗，在一片殺戮中，你會開始思考自己所做的事。這麼一來會有什麼轉變呢？如果你想的是『你絕對不能中途改變心意』，這是基於日本傳統的正義感吧？但我覺得，最好能稍微從這種武士的正義感當中解放出來。」5

當然，我們不會總是想要沿著別條道路前進。但是，當我們想要走別條路時，如果可以確實地專注在目標上，不管現在發生什麼事，都不會讓你動搖，因為你的眼光擺在最終目的地。所以你可以做些無謂或看起來無謂的事情，也可以繞遠路。因為你不只是抵達目的地就好。如果一路睡到目的地也很無聊吧！欣賞途中的景色也很好。

當然，我所謂的「中途改變心意也沒關係」，並不是鼓勵大家輕易推翻原本的決定。這些話應該是對著平常死腦筋、覺得「沒有退路，只能這麼做」的人說的。

我認為，如果意識到這點後，卻還只做對於達成目標、目的有用的事，那就還是個問題。這就像考生一樣，不能為了考試而犧牲課業外的事。

機械比其他任何事物都具有目的性，換句話說，人類製作機械是有目的的。因為人類只會「為了」特定目的製作、操作機械。某種程度來說，人類行動也不是受到後方某種力量推動，而是確立某項目標，再朝著目標前進，就這點來說，人類也具有目的性。然而，人類在達成目的途中，不會認為只有能夠達成目的的行動才有意義，人類與機械最顯著的差別，就是人類能做無謂目的的事。活得有效率這樣的事情，與人類的生存方式相差甚遠。

人生的困難

人生要面對的課題，幾乎可說沒有一項是容易的。然而，我們逃避課題並非因為課題困難，而是因為害怕失敗。我們為了正當化逃避的理由，才從人生及其課題中找出重大的困難與危險。我們為了逃避人生課題而找來當藉口的人生困難，在本質上都不困難。

人生痛苦或不痛苦呢？我不得不說，人生是痛苦的。這個世界並不完美，我有時會覺得這個世界發生的盡是一些不合理的事。譬如孩子或年輕人早逝、遭遇事故或災害，或者被捲入事件當中……

即使沒有被捲入這些事情中，隨著年歲增長，身體還是會衰弱、生病。獨自一人生活是什麼情況我不知道，只要與人接觸，就無法避免人際關係的糾紛。即使如此，人生也不是真的只有痛苦吧！

阿德勒既不認為這個世界是粉紅色的，另一方面也反對以悲觀的言詞描述這個世界。[6]他是這麼說的：

「安居於這個地球上的人，確信人生不是只有舒適的部分，就連不舒適的部分也是屬於自己的。」[7]

阿德勒明明覺得人生不是只有舒適的部分，也有不舒適的部分，但他卻說「安居於這個地球上的人」是如此確信。阿德勒喜歡使用「安居於地球上」或「世界上」這樣的表達，而與之相反的表現就是「身處敵國當中」。

「的確，這個世界上有惡、有困難、有偏見。然而，這是我們的世界，無論優點與缺點都是我們的東西。」8

我現在是這麼想的，這個世界上有惡，人生不是只有好事，一路走來也經歷許多的辛苦，但能夠活到現在真是太好了。所以我想試著這麼說：**「雖然不是沒有痛苦，但即使如此，還是值得活一遭。」**

改變世界

想要在痛苦中覺得值得活一遭，無論面對這個世界什麼樣的困難，都不能把眼光從自己所處的現實中移開，我們必須去做自己能做的事。

我想起教母親說德語的事情。母親雖然因腦中風半身不遂，但依然想在病床上學習。我從母親身上學到了，人不管在什麼時候都能活得自由。

無論個人的事，還是更進一步，這個世界的事也好，我都希望能夠對現狀抱有希望，找到能做的事。內村鑑三說：「我們不都希望能夠在死去之前，多少改善這個世界嗎？」[9]阿德勒也說，如果注意到這個世界有惡與困難之後，還能在這個兼具優點與缺點的世界中，不避諱自己的課題，正面迎向它，就代表「在改善世界方面，自己有著必須完成的任務」（《人生的意義心理學（下）》）。[10]

此時此地就能變得幸福

古希臘歷史學家西羅多德在《歷史》中，記載了希臘七賢之一雅典政治家的梭倫與呂底亞王克羅伊斯的對話。

克羅伊斯問梭倫：「你為了追求知識遊歷過這個廣大的世界，那麼你覺得誰才是世界上最幸福的人呢？」

事實上，克羅伊斯認為自己就是最幸福的人，所以這麼問梭倫，但梭倫給出的答案卻不是克羅伊斯，而是另一個名叫特羅斯的人。特羅斯生在繁榮的國度雅典，生下了優秀孩子，而他的孩子們又生下孩子，大家都平安長大。特羅斯的生活也很富裕，而他死前，雅典與鄰國發生戰爭，他成功前往援助友軍，並且在打退敵人之後光榮戰死。

不只克羅伊斯，就連我們也不滿意這個答案吧！因為今天，我們不僅無法認定自己和國家之間有一體感，而且有了孩子、過著富裕的生活，也不覺得戰死的人很幸福。

我們對政治的想法因人而異，但國家發生戰爭時，率先參與戰爭的不是決定發動戰爭的政客，而是年輕人，也就是我們的孩子。所以，我們也無法輕易認同為國捐軀是幸福的。即使沒有發生戰爭這類的事，在現今的惡政下，人是否能夠活得幸福也是切身問題。

克羅伊斯質問梭倫：「我手上的幸福沒有任何價值嗎？」梭倫這麼回答：「無論什麼樣的幸運都不確定可以持續多久；即便今天是幸福的，也無法保證明天的幸福，因為人間萬事皆偶然。」

後來，克羅伊斯統治的呂底亞首都薩第斯因波斯軍的占領而淪陷，克羅伊斯王自己也成為階下囚，被架在堆高的木材上處以火刑。這時，他突然想起梭倫的話：

「活著的人，誰也不能說自己是幸福的。」

活著的人，真的無法說自己是幸福的嗎？下面這段話可以回答這個問題：**即使不等到最後一天，只要不把明天當成今天的延續，而是把今天當成完整的日子珍惜度過，從現在這一刻起，就能變得幸福。**

只是追求個人的或自己的幸福，並不足以變得幸福。更進一步來說，只有自己變得幸福也沒有意義，獨自變得幸福恐怕是不可能。

如同本書已多次提到過的，人無法脫離他人獨自生活，必須與他人共生。我們雖然讓他人替我們背負許多事情，但我們也能夠接受他人的請託、幫助他人。我們不只是接受，也能夠付出。

在這層意義上，人與人之間有相互依賴的關係。我們無法忽視這點，獨自變得幸福。芥川龍之介《蜘蛛之絲》中的犍陀多攀上從天上垂下的銀色蜘蛛絲，想要脫離地獄進入極樂世界。但當他看到其他罪人也抓著同一條絲線往上爬時，大叫「這條蜘蛛絲是我的」，就在這一刻蜘蛛絲就「啪」一聲斷了。

人的相互依賴關係就像如此，我們不只接受他人的付出，自己也能夠付出、貢獻他人。這種時候，對他人的貢獻即使不是「行為」的面向，也可以是「存在」的面向。

無論以什麼樣的方式，**人在感受到自己帶給他人貢獻、對某人有用處時，都會變得幸福**。幸福就是貢獻感。這層意義上的幸福，不必等到人生快結束也能獲得。

玩樂也是人生的課題

我從前面寫到這裡，內容似乎都是人生充滿痛苦，所以最後想寫一點關於玩樂的事情，因為玩樂也可說是人生的課題。工作是人生當中具有生產性的部分，而沒有生產性的部分就是玩樂。但我們不能認為工作因為有生產性，所以有價值，而玩樂沒有生產性，就沒有價值。我們可以擁有純粹玩樂、享受的時光，甚至可以說只有擅長玩樂的人，才能純熟處理其他人生的課題。

話雖如此，但我很不擅長玩樂，所以沒辦法好好寫出玩樂的重要性，然而，我突然想起為我做冠狀動脈繞道手術的中島昌道醫師。

我所接受的手術必須使用人工心肺，在心臟停止的狀態下進行，但心臟停止這種事，讓我湧起一股說不出的恐懼。手術當天早上，醫師對我說：「不用勉強自己笑也沒關係。」我如實告訴他：「我很害怕。」結果醫師回答我：「你當然會怕啊。不過，我可是信心滿滿呢！」這句話消除了我手術前的恐懼。

醫生進行過六千次以上的手術，然而當他說自己「信心滿滿」時，我相信他也一定知道無論什麼手術都可能發生難以預測和危險的狀況。不過，我希望自己也能像他一樣，在關鍵時刻說出充滿自信的話。當時的我是這麼想的。

一開始，因為醫生情緒太過高昂，和我的心境有落差，讓我感到有點困惑，但是看到他不只對身為患者的我、我的家人、共事的醫生、護理人員甚至前來探病的人也總是熱情說話的樣子，讓我不得不改變對他的看法。

當我從護理人員口中聽到醫生常把「醫院就是遊樂場」掛在嘴邊時，我就懂了。我從與醫生的談話中學到，身為患者的我現在遭遇的事情關乎生死，所以必須認真面對，但儘管如此，也不需要把這件事變得很沉重。儘管工作辛苦、儘管手術時被迫處在極度高壓的環境中，也不能忘記玩心。醫師把醫院當成遊樂場、享受人生的生活方式帶給我強烈的影響。

把活著當成「實現」，確實每一分每一秒都很重要，但也不需要因為覺得「我要活得有價值」，而經常處在屏氣凝神的緊張狀態。

《舊約聖經》〈傳道書〉中寫道：凡事都有定時，譬如生有時、死也有時，那麼人的勞碌有什麼益處呢？但接下來又這麼寫：

「人最大的幸福，就是度過喜樂享福的一生。」（第三章一二節）

最後取決於你自己

幫助前來諮商的人面對人生課題，在阿德勒心理學當中稱為**「給予勇氣」**。諮商師雖然可以提供個案各種幫助，譬如指出他的長處，提醒他把注意力擺在貢獻上等等，但如果個案本人不打算面對人生的課題，就不會發生任何改變。

舉例來說，建立人際關係雖然是人生的一大課題，但逃避這個課題的人，無論如何都能從他者身上找出問題，並且企圖把這個問題當成難以與人建立關係的理由。同樣地，他們為了不展開與他人的關係，或想要結束與他人的關係，也能輕易在自己身上找出問題或缺點等等，就如同我們先前已經看過的例子。

如果告訴這樣的人，人際關係不順利不是他們的錯，他們或許會感謝你，覺得你很了解他們。但很明顯地，他們如果聽到這樣的話，就會把現在的狀態當成是別人的錯，最後也就不再努力建立人際關係。

遺憾的是，如果本人沒有「不能再採取原本的生活型態」活下去的自覺，無論對他說什麼，都是沒有效果的。

以心理諮商來說，就像是諮商師與前來諮商的個案帶著地圖一起去旅行。走了一段路之後，諮商師就必須對個案說：「接下來的路請你自己走吧！」並且與他道別。因為接下來的路，諮商師也幫不上任何忙。

儘管如此，就算不打算接受諮商，**當一個人開始思考是否或多或少可以改變現在自己的狀態時，他就已經開始改變了**。就像如果一個人決定前往露德聖泉尋求奇蹟之水，他就已經開始痊癒了。我認為，這是在改變活著的態度時伴隨而生的現象吧！

我想閱讀本書的人當中，只有少數人在拿起書之前，從來沒有思考過關於幸福的事吧！

「該怎麼做才能活得幸福呢？」關於這個問題的探討到此結束。**接下來，就看你有沒有突破的決心了！**

1《日記》，森有正。

2《鈴木大拙是誰》，上田閑照、岡村美穗子編。

3《追求生之意義》

4《追求生之意義》

5《鶴見俊輔對談集：我想留給未來的事物》

6《兒童的教育》

7 *Superiority and Social Interest*

8《人生的意義心理學（下）》

9《留給後世的最大遺產》

10《人生的意義心理學（下）》

參考書目

- Adler, ***Alfred. Superiority and Social Interest: A Collection of Later Writing***. eds. Heinz L. and Rowena R. Ansbacher. New York: W.W.Norton, 1979（Original: 1964）.
- Adler, Alfred. ***Über den nervösen Charakter: Grundzüge einer vergleichenden Individualpsychologie und Psychotherapie***, Vandenhoeck & Ruprecht, 1997.
- Ansbacher, Heinz L. and Ansbacher, Rowena R. eds., ***The Individual Psychology of Alfred Adler: Systematic Presentation in Selections from his Writings***, Basic Books, 1956.
- Ansbacher, Heinz L. and Ansbacher, Rowena R. eds., ***Alfred Adlers Individualpsychologie***, Ernst Reinhardst Verlag, 1982.
- Brett, Colin. Introduction. In Adler, Alfred. ***Understanding Life***（original. ***The Science of Living***）. Brett, Colin ed., Hazelden, 1998.
- Burnet, J（rec.）. ***Platonis Opera***, 5 vols., Oxford（Oxford Classical Texts）, 1899 - 1906.
- Hicks, R. D. ***Diogenes Laertius. Lives of eminent philosophers***, Harvard University Press 1925.

- Kuschner, Harold S. *When Bad Things Happen to Good People*, Anchor Books, 2004.
- Laing, R.D. *Self and Others*, Pantheon Books, 1961.
- Manaster, Guy et al. eds., *Alfred Adler: As We Remember Him*, North American Society of Adlerian Psychology, 1977.
- Ross, W.D.（rec.）. *Aristoteles' Metaphysics*, Oxford, 1948
- Sicher, Lydia. *The Collected Works of Lydia Sicher: Adlerian Perspective*, QED Press, 1991.
- Stone, Mark and Drescher, Karen, eds., *Adler Speaks, The Lectures of Alfred Adler*, iUniverse, Inc., 2004.
- 芥川龍之介『蜘蛛の糸・杜子春』新潮社、一九六八年
- アドラー、アルフレッド『生きる意味を求めて』岸見一郎訳、アルテ、二〇〇八年（追求生之意義）
- アドラー、アルフレッド『教育困難な子どもたち』岸見一郎訳、アルテ、二〇〇八年（教育困難的孩子們）
- アドラー、アルフレッド『人間知の心理学』岸見一郎訳、アルテ、二〇〇八年（理解人類的心理學）
- アドラー、アルフレッド『性格の心理学』岸見一郎訳、アルテ、二〇〇九年

●アドラー、アルフレッド『人生の意味の心理学（上）』岸見一郎訳、アルテ、二〇一〇年（人生的意義心理學（上））

●アドラー、アルフレッド『人生の意味の心理学（下）』岸見一郎訳、アルテ、二〇一〇年（人生的意義心理學（下））

●アドラー、アルフレッド『個人心理学講義』岸見一郎訳、アルテ、二〇一二年（個體心理學講義）

●アドラー、アルフレッド『人はなぜ神経症になるのか』岸見一郎訳、アルテ、二〇一二年（人為什麼會得精神疾病）

●アドラー、アルフレッド『子どもの教育』岸見一郎訳、アルテ、二〇一三年（孩子的教育）

●アドラー、アルフレッド『子どものライフスタイル』岸見一郎訳、二〇一三年（孩子的生活型態）

●上田閑照、岡村美穂子編『鈴木大拙とは誰か』岩波書店、二〇〇二年（鈴木大拙是誰）

●内村鑑三『後世への最大遺物・デンマルク国の話』岩波書店、一九七六年（留給後世的最大遺產）

●エレンベルガー、アンリ『無意識の発見　力動精神医学発達史』木村敏、中井久夫訳、弘文堂、一九八〇年
●キケロー『老年について』中務哲郎訳、岩波書店、二〇〇四年（關於年老）
●岸見一郎『アドラー心理学入門　よりよい人間関係のために』KKベストセラーズ、一九九九年
●岸見一郎『不幸の心理　幸福の哲学　人はなぜ苦悩するのか』唯学書房、二〇〇三年
●岸見一郎『アドラーに学ぶ　生きる勇気とは何か』アルテ、二〇〇八年
●岸見一郎『高校生のための心理学入門』アルテ、二〇〇九年
●岸見一郎『子育てのための心理学入門』アルテ、二〇一〇年
●岸見一郎『アドラー　人生を生き抜く心理学』NHK出版、二〇一〇年
●岸見一郎『困った時のアドラー心理学』中央公論新社、二〇一〇年
●岸見一郎『よく生きるということ　「死」から「生」を考える』唯学書房、二〇一二年
●岸見一郎『改訂新版　アドラーを読む　共同体感覚の諸相』アルテ、二〇一四年
●岸見一郎、古賀史健『嫌われる勇気　自己啓発の源流「アドラー」の教え』ダイヤモンド社、二〇一四年
●キューブラー＝ロス、エリザベス『死ぬ瞬間　死とその過程について』鈴木晶訳、中央公論社、二〇〇一年

●キューブラー＝ロス、エリザベス、ケスラー、デーヴィッド『ライフレッスン』上野圭一訳、角川書店、二〇〇一年

●キューブラー＝ロス、エリザベス、ケスラー、デーヴィッド『永遠の別れ』上野圭一訳、日本教文社、二〇〇七年

●クシュナー、H.S.『なぜ私だけが苦しむのか　現代のヨブ記』斎藤武訳、岩波書店、二〇〇八年

●重松清『その日のまえに』文藝春秋、二〇〇八年（在那天來臨前）

●城山三郎『無所属の時間で生きる』新潮社、二〇〇八年（活在無所屬的時間中）

●須賀敦子『ミラノ　霧の風景』白水社、一九九〇年（米蘭　霧的風景）

●瀬戸内寂聴、ドナルド・キーン、鶴見俊輔『同時代を生きて』岩波書店、二〇〇四年

●多田富雄『寡黙なる巨人』集英社、二〇〇七年（沉默的巨人）

●鶴見俊輔『鶴見俊輔対談集　未来におきたいものは』晶文社、二〇〇二年（鶴見俊輔對談集：我想留給未來的事物）

●ドストエフスキー『白痴』木村浩訳、新潮社（新潮文庫）、一九七〇年

●ヒルティ『眠られぬ夜のために』草間平作、大和邦太郎訳、岩波書店、一九七三年（睡不著的夜晚）

- フロム、エーリッヒ『愛するということ』鈴木晶薬、紀伊國屋書店、一九九一年
- ベルク、ヴァン・デン『病床の心理学』早坂泰次郎訳、現代社、一九七五年（病床邊的溫柔）
- ヘロドトス『歴史』松平千秋訳、岩波書店、一九七一年
- 北條民雄『いのちの初夜』角川書店、一九五五年（生命的初夜）
- ホフマン、エドワード『アドラーの生涯』岸見一郎訳、金子書房、二〇〇五年
- 森有正『森有正全集第一三巻』筑摩書房、一九八一年
- 柳田邦男「新・がん50人の勇気」文藝春秋、二〇〇九年
- ラエルティィウス、ディオゲネス『ギリシア哲学者列伝』加来彰俊訳、岩波書店、一九八九年
- リルケ、マイナー『若い詩人への手紙』佐藤晃一訳、角川書店、一九五三年（給青年詩人的信）
- レイン、R.D.『自己と他者』、志貴晴彦、笠原嘉訳、みすず書房、一九七五年
- 『聖書』新共同訳、日本聖書協会、一九八九年

其實你不必為了別人改變自己
一定可以實現的阿德勒勇氣心理學

作　　者　岸見一郎
譯　　者　林詠純
總 編 輯　陳郁馨
主　　編　劉偉嘉
特約編輯　張雅媚
校　　對　魏秋綢
排　　版　謝宜欣
封面設計　賴維明
社　　長　郭重興
發行人兼出版總監　曾大福
出　　版　木馬文化事業股份有限公司
發　　行　遠足文化事業股份有限公司
地　　址　231新北市新店區民權路108之4號8樓
電　　話　02-22181417
傳　　真　02-86671891
Email　service@bookrep.com.tw
郵撥帳號　19588272 木馬文化事業股份有限公司
客服專線　0800221029
法律顧問　華陽國際專利商標事務所　蘇文生律師
印　　刷　成陽印刷股份有限公司
初　　版　2015年5月
定　　價　250元
ISBN　978-986-359-116-0

木馬臉書粉絲團：http://www.facebook.com/ecusbook
木馬部落格：http://blog.roodo.com/ecus2005

國家圖書館出版品預行編目(CIP)資料

其實你不必為了別人改變自己：一定可以實現的阿德勒勇氣心理學／岸見一郎著；林詠純譯. -- 初版. -- 新北市：木馬文化出版：遠足文化發行, 2015.05
面；　公分--（Advice；31）
ISBN 978-986-359-116-0（平裝）
1. 幸福
176.51　　104005250